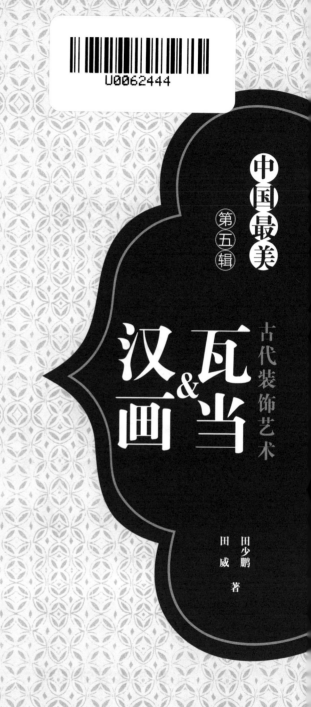

中国最美

第五辑

古代装饰艺术

瓦当 & 汉画

田少鹏
田威 著

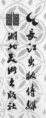

长江出版传媒

湖北美术出版社

目录
CONTENTS

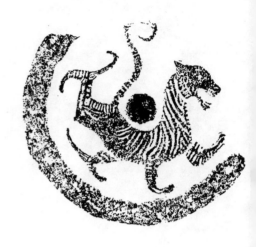

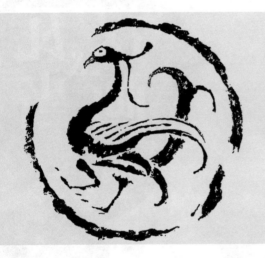
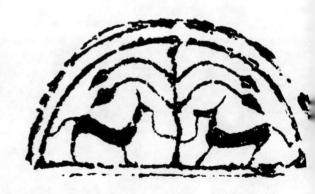

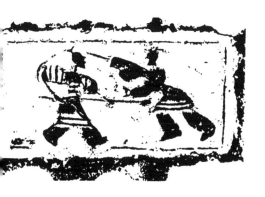

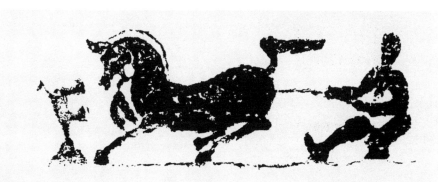

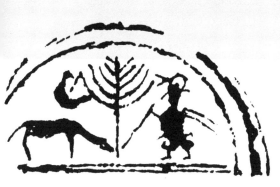

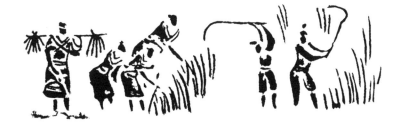

古代装饰艺术

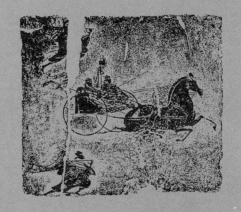

  当下，人们通常将装饰艺术中的"装饰"一词理解为装潢，而装潢在人们的心中是指装修。稍深入一些的理解，是将装饰艺术与室内陈设设计等同。如此理解大概没错，但不全面。应该说，装饰艺术与人们的生活息息相关，包罗了人类生活的方方面面。装饰艺术研究一直是一个较热门的课题，特别是在中国古代装饰领域，前辈多有耕耘，成果斐然。今天，我们再次涉足这一领域，希望能借前辈肩膀之承托，看得更远、更广。

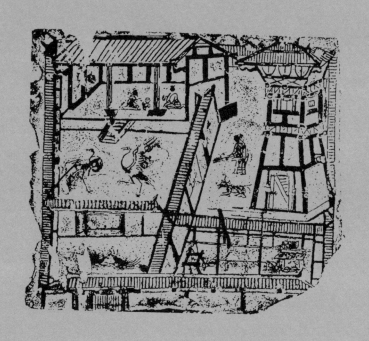

一、装饰艺术的概念

　　"装饰"一词,《辞海》解释为"修饰;打扮。《后汉书·梁鸿传》:'女(孟光)求作布衣麻屦、织作筐缉绩之具。及嫁,始以装饰入门。'"[①]战国时期宋玉《登徒子好色赋》中"此郊之姝,华色含光,体美容冶,不待饰装",只是调换了二字的顺序,但意思没变。上述两处文献中"装饰"和"饰装"是作为动词使用,而今天"装饰"一词既是动词,也是名词。作为名词,它包括了纹样、图案、工艺美术、商业美术、设计、壁画以及建筑等领域。1959年《装饰》第5、6期连载了张光宇的《装饰诸问题》一文,张先生将他所涉猎的漫画、商业美术、插图、舞台设计、封面设计等门类基本囊括在"装饰"一词之中,也用"装饰"来界定自己的创作风格。1957年5月15日,他在笔记中写下一段关于装饰问题的提纲:"装饰与装饰艺术——装饰之美 装饰篇 装饰研究。"[②]虽是只言片语,但在张光宇心中"装饰"与"装饰艺术"应该有所不同。不同在哪,未见先生详论。

　　汉语"装饰艺术"一词,应该与英语 decoration art 有关。decoration 是指装饰品以及装饰过程。被装饰的物件或器具作为主体,其观赏性大于功能性。同时,美化主体需合乎其功利要求。有学者认为,装饰艺术和美术在文艺复兴时期就出现明显差别。文艺复兴促使"美术"从"艺术"中分离出来,形成大小美术之别,其中小美术是指装饰艺术。但是,欧洲中世纪出现的羊皮书(图1),其装帧风格普遍具有装饰性。此外,中世纪欧洲的祭坛画(图2)具有一种规范化的形式感。李泽厚认为,中国彩陶纹样在重复仿制的过程中,逐渐变成规范化的一般形式美。[③]李先生的观点启示我们,中世纪欧洲的宗教绘画艺术的规范化的形式感和装饰意味,是一个值得研究的问题。

　　真正让欧洲乃至世界认识和熟悉装饰艺术,是源于20世纪20年代巴

---

①《辞海》(第六版缩印本),2010年,第2531页。
②唐薇、黄大刚:《张光宇艺术研究(上编):追寻张光宇》,生活·读书·新知三联书店,2015年,第393页。
③李泽厚:《美的历程》,生活·读书·新知三联书店,2009年,第28页。

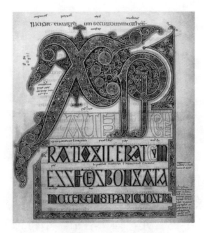

图 1 羊皮书

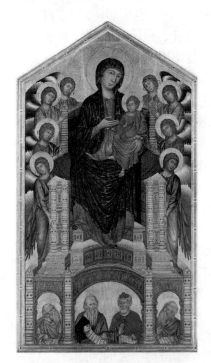

图 2 王座上的圣母子

黎的一场重要的设计运动——装饰艺术运动（Art Deco[①]）（图3）。王受之认为装饰艺术运动不是一种单纯的设计风格，它包括的范围广泛，有爵士图案、流线型设计样式、化妆品包装，甚至洛克菲勒中心的建筑群。装饰艺术运动更影响了纯艺术、装饰艺术、时装、电影、摄影、平面设计、交通工具和工业产品设计，成为一种几乎无处不在的现代风格。同时，装饰艺术不回避机械形式，不拒绝钢铁、玻璃等新材料。[②]由此，涉及工艺、技术、材料进行的艺术创造几乎均与装饰艺术相关。

20世纪20年代的上海是可以与巴黎、伦敦比肩的城市，自然成为装饰艺术运动的东方重镇。身处其中的张光宇先生自然而然地浸润其中，他这一时期的作品（图4）明显带有装饰艺术运动的风格，他对于装饰艺术也有着自己的见解。张先生曾言："并不是装饰艺术是另外一种艺术，包括所有的艺术领域必须要有丰富的内容，通过高度的装饰技巧，而能传达给群众得到艺术的感动。"[③]

从张先生的认知出发，装饰艺术与其他门类艺术不同，需要依附一个被装饰的主体，其装饰的艺术性和观赏性是客体，客体必须服务于主体，这样才能称为"装饰艺术"。因此，装饰艺术具

① Art Deco：装饰派艺术。《牛津高阶英汉双解词典》，商务印书馆，2014年，第96页。
② 王受之：《世界现代设计史》，中国青年出版社，2015年，第114—115页。
③ 唐薇、黄大刚：《张光宇艺术研究（上编）：追寻张光宇》，生活·读书·新知三联书店，2015年，第392页。

有主体和客体的双重性。一方面，客体从属于主体，装饰依附于器型存在；另一方面，客体又可从主体中独立而出，展现独立的审美价值。如画像石、画像砖，既属于墓室建筑的构建，又形成各自独立的图像画面而被视为单独的艺术作品。在部分装饰艺术中，审美意味超脱了主体性能，在使用价值外同时具备纯欣赏性的价值。由此，产生了装饰绘画和装饰雕塑。此外，表现一定题材内容的装饰，也可看作是脱离主体的独立的客体艺术，如装饰画。庞薰琹先生认为："装饰纹样是用来装饰器物的，装饰画同样是用来装饰器物的，不过装饰画在作为装饰之外，表现一定的题材内容。"[①]因此庞先生将部分古代装饰遗存称为"装饰画"。

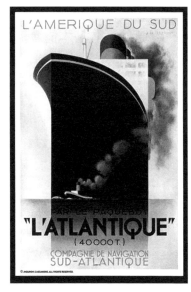

图3 装饰艺术运动时期的海报设计

中国古代装饰艺术是指中国古代各个历史时期出现的依附于某种主体形态而创造、产生的图形、图像。这些图形、图像得到合乎主体形态功利要求的"美化"，即运用了张光宇先生所言"高度的装饰技巧"。主体形态与图形、图像的合体视为"装饰艺术"；脱离了主体形态的无题材内容的图形、图像可视为"装饰纹样"；脱离了主体形态的有题材内容的图形、图像可视为"装饰画"。独立的装饰纹样和装饰画均属于装饰艺术范畴。中国古代装饰艺术囊括了从史前时期到清代这段历史时期出现的所有纹样、器物器型、建筑、雕塑、壁画以

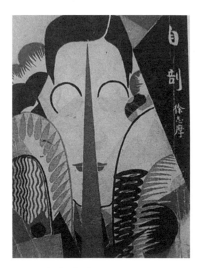

图4 张光宇作品

①庞薰琹：《中国历代装饰画研究》，上海人民美术出版社，1982年，第124页。

及部分绘画作品（图 5—图 10）。^①

综上所述，基本能厘清何为中国古代装饰艺术，勾勒出中国古代装饰艺术所包括的内容和涵盖的范围。

对于古代装饰艺术的研究，既要探究其形式、色彩、特征、风格，又要考察其时代、社会、政治、经济、文化背景。同时，对于不同历史时期的人的了解，可以帮助我们感知和理解创造者的内心世界，亦可从使用者的视角见出当时人对于这些纹样、器物的态度，从而促使我们对于不同历史时期的装饰艺术有一个多维而丰富的认知和理解。

中国古代装饰艺术作品浩如烟海，显然无法一一探究。本丛书将中国古代装饰艺术分为四个大类进行研究：一、岩画与彩陶，它们是人类早期的艺术成就，更是人类文明的曙光；二、青铜与玉器，它们从国之重器走向实用之器和赏玩之具，器型与纹饰的变化展现的不仅是艺术风格的变迁，更记录了人类社会的发展进程；三、漆器与织绣，它们从楚人神秘诡谲的艺术创造中走出，奔向一个幻化而浪漫的世界，最终将浪漫主义定格在中华大地的

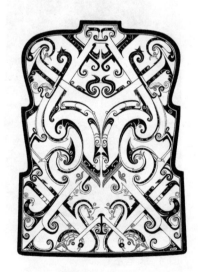

图 5　漆器凤纹

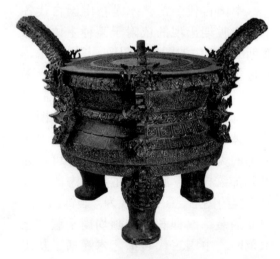

图 6　王子午鼎

---

①庞薰琹将宋人画在绢帛上的小品画，敦煌壁画、永乐宫壁画、明清时期的壁画，明版书籍插图，均纳入中国古代装饰画的范畴之中。见庞薰琹：《中国历代装饰画研究》，上海人民美术出版社，1982 年。

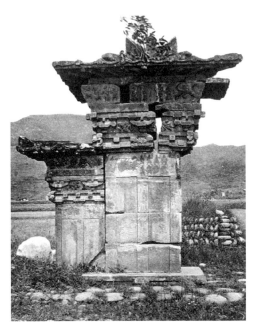

图 7 汉阙

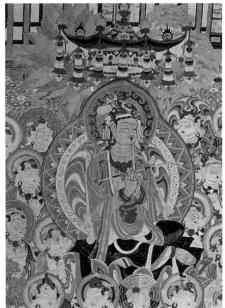

图 8 敦煌壁画

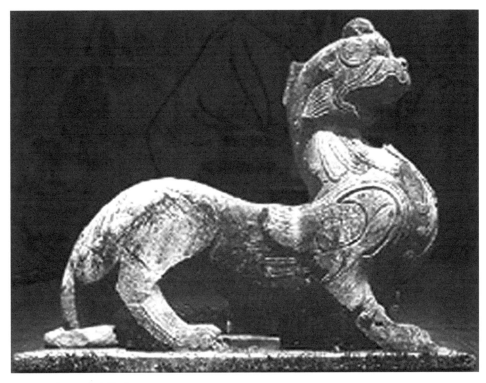

图 9 南朝麒麟镇墓兽

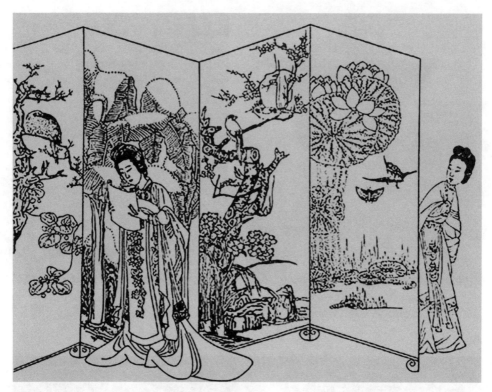

图 10 张深之本《西厢记》插图中的屏风

艺术谱系之中；四、瓦当与汉画，它们展现的纹样之精美和技艺之精湛并存，更连接着我们对秦汉恢弘建筑的想象。这四个部分，是中国古代装饰艺术形成的重要阶段，对后世影响深远。

当然，尽管这样的划分基本囊括了中国古代装饰艺术的特色，但难免有所缺失。首先是陶瓷。中国古代陶瓷器属于中国古代装饰艺术的一个巅峰。从史前陶器的出现到辉煌的彩陶，陶器艺术不断走向巅峰。到魏晋南北朝时期，陶器实现了从"陶"到"瓷"的华丽转身。从此，"陶"与"瓷"并行华夏，共同创造出举世瞩目的陶瓷文明。宋、元、明、清成为迄今依然光芒万丈的瓷器时代。中国古代陶瓷艺术历史绵长、成就斐然，需要另著一部鸿篇巨制，才能完整描述其在中国古代艺术中的地位与价值。其次是壁画。庞薰琹先生将敦煌壁画、永乐宫壁画以及明清壁画均纳入中国古代装饰画之中。中国古代壁画普遍具有比较浓厚的装饰意味，将其视作中国古代装饰艺术的一个门类目前基本没有异议。如果是展开相关的研究工作，中国古代壁画更适合从绘画视角切入。更重要的是，庞先生已经论述，我们再专门论述，已然很难超越。此外，各个历史时期普通民众使用的生活器物，有着完善的体系，也可以从装饰艺术的角度去进行研究。同时，中华民族是一个大家庭，各少数民族创造的装饰艺术作品亦是灿若星辰。两者都因太过浩繁，故未整体纳入。但是在相关内容的论述中，对各民族民间的器物的器型、纹样，以及上述提到的陶瓷、壁画等内容均有涉及。这不失为一种两全之策。

二、中国古代装饰艺术的特征

中国古代装饰艺术的纹样受器型制约，又依附于器型而产生。装饰纹样是时代与观念的形态表达，普遍呈现出浓厚的装饰意味，在具体形式上表现为高度的概括性、高度的程式化以及高度的唯美性三种形式美的特征。这也是中国古代装饰艺术给人的总体印象。同时，华夏文明绵延五千年，不同历史时期的不同社会风貌、经济基础以及人文背景对装饰艺术影响巨大，各个历史时期的装饰艺术又表现出不同的艺术风貌。因此，我们在此截取中国历史时段中具有代表性的时期，分别论述其装饰艺术的特色，以期能形象地把握中国古代装饰艺术的特征与风貌。

中国古代装饰艺术的发展，可约略分为史前时期、先秦时期、两汉时期、魏晋南北朝时期、唐宋时期、明清时期。上述六个时期的装饰艺术主要服务于社会上层，而下层民众使用的部分，学界普遍称之为民间装饰艺术，以示区别。此外，各少数民族创造的装饰艺术也属于这一范畴，因此，本文将民族民间装饰艺术单列为一个部分。

（一）史前时期的装饰艺术

史前时期以岩画艺术和彩陶艺术为代表。当下收集、整理和研究史前时期岩画的缘由有两点：

第一，史前人类遗留在岩石、崖壁上的图形、图像内容，较客观地记录了他们的生产生活、宗教信仰等个体和群体的活动。这些图形、图像成为史前学者了解和研究人类社会形成之前早期人类群居活动的珍贵历史材料。

第二，中外遗存岩画以描摹细致的具象图像（图11）为主，大概反映出两个方面的问题：一方面，反映出他们对客观世界感到好奇，并努力将一切客观事物记录下来；另一方面，反映出他们与动植物存在着高度依存关系。他们精细描绘各种动物和狩猎场景，并非完全基于记录的目的，很大程度是基于原始宗教仪式和原始图腾崇拜，或许是这个缘故，岩画艺术充满了力量感，呈现出无比执着与真诚的画面。这正是当今艺术创作中应努力汲取的内容。

彩陶艺术诞生于新石器时代。陶器纹样产生于功能需求，为了方便抓取而在器物身上刻划横纹或斜纹。其后，逐步出现装饰器身的具备审美价值和有意味的纹样。早期的彩陶纹样以具象的动植物和人物纹样为主，后来逐渐演变成抽象的几何纹和线条纹。其中，黄河流域和长江流域的漩涡纹（图12）最具代表性。彩陶纹样从具象到抽象，经历了漫长的演变过程。李泽厚先生认为，彩陶上的抽象纹样并非凭空想象，而是从具象的动植物纹中不断地概括、简练，逐步抽象成几何纹、漩涡纹、纺轮纹。并且，他认为这些抽象的彩陶纹是"有意味的形式"。[①]

高度的概括是中国古代装饰艺术的形式美特征之一。在新石器时代，彩陶工匠已经开始将具象的形态不断地加以提炼，概括成有意味的抽象的装饰纹样，并使之成为彩陶器身上的装饰纹样样板。因而，中国古代装饰艺术高度概括性的源头，或许可以追溯到抽象装饰的彩陶纹样。

（二）先秦时期的装饰艺术

先秦时期的装饰艺术从时间上可分为两个部分，商周时期和春秋战国时期。从地理上看，有北方装饰艺术与南方装饰艺术之别。北方以商周时期的青铜、玉器艺术为代表。商周青铜器无论是器型还是纹样，都充分展现了一个统一、强盛的王朝。其中，以饕餮纹（图13）为代表的纹样象征着商周时期王朝的权力与威仪。其玉器艺术（图14）基本代表了这一时期北方区域装饰艺术的最高成就。

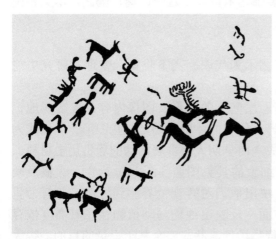

图 11 狩猎场景岩画

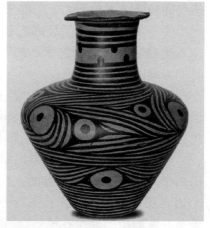

图 12 漩涡纹彩陶

---

① 李泽厚：《美的历程》，生活·读书·新知三联书店，2009 年，第 15—32 页。

进入春秋时期以后，南北区域的装饰艺术风格与特征，总体上继承并延续了前一时期的特色。春秋早期的楚国青铜器，从器型到纹样几乎承袭了商周的风格，甚至在楚人早期的漆器艺术中，器型和纹样基本脱胎于商周时期的青铜器。战国时期是楚地装饰艺术的发轫期，楚升鼎的出现打破了商周时期装饰艺术南北一统的局面，出现南北分野。当楚地的漆器、玉器（图15）、丝织（图16）等装饰艺术全面开花时，楚人已然用艺术创造问鼎了中原。

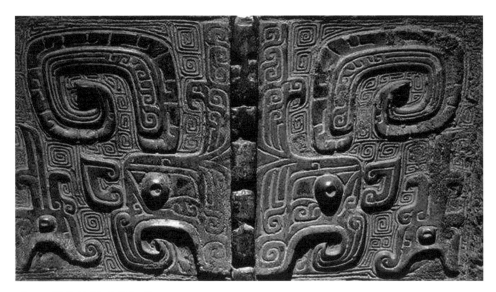

图 13 饕餮纹样的青铜器

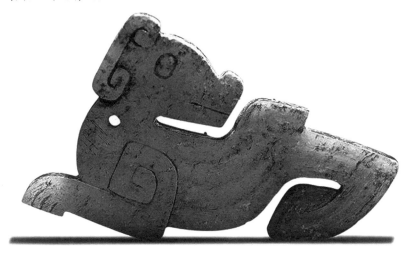

图 14 动物玉佩饰

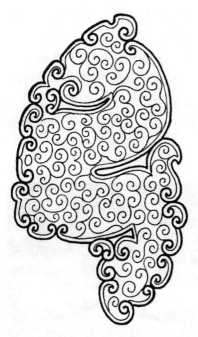

图 15　玉龙纹

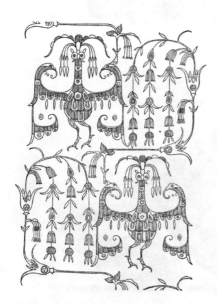

图 16　凤鸟花卉纹

商周时期的装饰艺术创造了一种狞厉之美，它表现出强烈的神秘感与震慑感。这种表达与青铜器具的功能密不可分。青铜器作为商周时期的国之重器，有取悦神明，宣示王权的目的，因此，神秘与震慑之感符合当时治理社会的需求，亦能准确地展现一个高度统一的强权王朝。到春秋战国时期，社会形态已经不再是统一的王朝，取而代之的是多国纷争，王权的震慑感几乎消失殆尽。但装饰艺术中依然有讳莫如深的神秘感，楚人的神秘感源自楚地巫文化的盛行，抑或是对于商周文化的另一种继承。

当一个贵族士大夫在颂扬诡谲之美时，整个社会已然发生了改变。震慑之感逐渐消退，神秘而浪漫的唯美之风渐起。整个战国时期，南方神秘浪漫之美取代了北方神秘狞厉之美，成为装饰艺术的主要特征。楚艺术的浪漫风格，既奇幻诡谲，又灵动轻巧，更以浪漫唯美为尊。中国古代装饰艺术中普遍带有的唯美特征，出于楚地，始于楚人。

（三）两汉时期的装饰艺术

汉室肇兴，即承秦制而尚楚俗。汉代艺术在继承楚式浪漫主义的基础上进行了革新。楚式浪漫中的神秘诡谲几乎褪尽，楚人的浪漫情怀有所保留，融合中原理性精神，构筑成跨越时代的楚汉浪漫主义。楚汉浪漫主义中的理性主义基因促使汉代装饰艺术彰显现实生活，将往生世界现实生活化，但仍然有表现神怪世界的想象，只是少了魑魅魍魉般的荒诞，多了几分人间意味。诚如李泽厚先生所言："汉代艺术的题材、图景尽管有些是如此荒诞不经，迷信至极，但其艺术风格和美学基调既不恐怖威吓，也不消沉颓废，毋宁是愉快、乐观、积极和开朗的。"①湖南长沙马王堆汉墓漆棺（图17）上的纹样，充分显现出神界与人间的愉悦交融。

　　楚汉浪漫主义时期的装饰艺术，一方面突显了表现现实题材的特征，同时对于表现往生世界又投入了极大的热情，使得汉代的往生世界充满了生机勃勃的人间乐趣。另一方面，气势之美始终贯穿于两汉艺术之中，如马王堆漆棺上贯穿始终的云气纹、霍去病墓前的马踏匈奴、武威擂台的马踏飞燕、残存至今的汉阙，以及表现各种现实生活、教化故事、往生世界的画像石（图18）、画像砖。两汉艺术的气势之美，一是源于楚人狂放不羁的浪漫基因，一是在表现手法上大刀阔斧、过度夸张、不拘泥于细节，追求形态的整体性。而这种不拘细节、夸张、粗拙的形态，却彰显出无穷的力量与气势。因此，李泽厚先生认为，汉代的艺术有着"古拙"的外貌和"运动、力量、气势"的本质。②

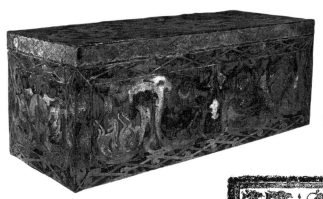

图 17　马王堆汉墓漆棺

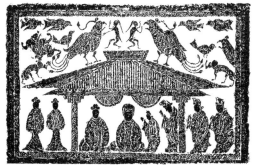

图 18　汉代画像石

---

①李泽厚：《美的历程》，生活·读书·新知三联书店，2009 年，第 76 页。
②李泽厚：《美的历程》，生活·读书·新知三联书店，2009 年，第 84—85 页。

高度唯美是中国古代装饰艺术三个形式美的特征之一，而唯美的核心是浪漫。因此，中国古代装饰艺术充满浪漫主义的风格。这一浪漫特质出于楚，成于汉。值得庆幸的是，楚人在后期的浪漫风格中，逐渐开始吸纳中原的理性精神。同时，汉王朝的主宰者对楚人的浪漫难以释怀，推动了南北艺术风格的统一，更为华夏文明保留了浪漫的基因。否则，公元前223年楚亡[1]之后，九土之地可能就再无浪漫主义的光环。

（四）魏晋南北朝时期的装饰艺术

这一时期的装饰艺术整体上缺少浓墨重彩之处。[2]一方面，这一时期装饰艺术基本延续两汉时期的风格；另一方面，这一时期又是中国历史上一个南北对峙的离乱期，国家分裂割据、战火绵延、饿殍遍野、百业凋敝，导致装饰艺术的发展相对滞后。尽管如此，仍然有两点值得称道。

首先是石窟艺术（图19）。西汉末年佛教传入，到魏晋南北朝时期佛教已广泛传播流行。《中国佛教美术小记》说："晋代造像，度越汉魏……经典之翻译与信仰之普及也……"佛教石窟艺术开始出现。敦煌莫高窟始建于公元366年，石窟分三部分，建筑、雕塑、壁画三者合为一体，组成实用与艺术相结合的石窟艺术。十六国、北朝时期的敦煌石窟艺术分为两种艺术风格：一是以凹凸晕染法绘制出立体感的西域式风格，其内容简单，造型朴拙，色彩淳厚，线描苍劲，人物比例适度，面相丰圆，神情庄静恬淡；二是潇洒飘逸的中原风格。中原风格实际是秀骨清像的南朝画风，到北魏晚期成为南北统一的时代风格。[3]

其次是青瓷的成熟与普及。东汉已出现原始瓷器，釉色以呈色不一的青釉为主。到魏晋南北朝时期，瓷器的制造蓬勃发展，生产普及，烧造青釉瓷成为主流。受佛教流行的影响，青瓷的器型以装饰繁缛华丽的莲花尊（图20）为代表。同时，莲花纹也是青瓷上较突出的纹样。魏晋南北朝时期是中国陶瓷史上重要的转折点，瓷器的出现与成熟标志着中国古代装饰艺术将迎来一个新的时代。

---

①公元前223年，秦将王翦、蒙武率军攻入楚都寿春（今安徽寿县西南），俘楚王负刍，楚亡。
②从整个艺术的发展上看，魏晋南北朝时期的艺术还是有很多浓墨重彩之处，如二王的书法艺术、谢赫的《古画品录》等，在文学、哲学上更是硕果累累。但另一方面，这一时期的工艺美术的主要门类是纺织和陶瓷［见尚刚：《中国工艺美术史新编》（第二版），高等教育出版社，2015年］，这相较于其他历史时期要偏少许多。
③段文杰：《佛在敦煌》，中华书局，2018年。

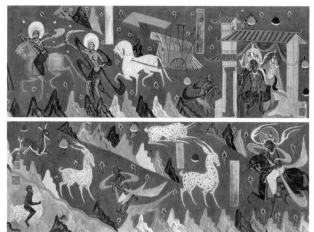
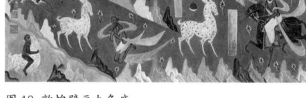

图 19 敦煌壁画九色鹿

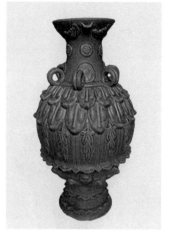

图 20 莲花尊

诚如尚刚先生所言："魏晋南北朝的工艺美术成就算不得辉煌，但它完成了重要的转折。"[①] 在装饰艺术上亦如此。

（五）唐宋时期的装饰艺术

唐宋两朝是中国历史上继往开来的时代，反映在艺术成就上亦如此。如果将唐诗和宋诗进行比较，唐诗在景物表达上往往是宏大的，具有历史观的描述，如"窗含西岭千秋雪，门泊东吴万里船"，甚至田园诗也会关注大场景，如"绿树村边合，青山郭外斜"。而宋诗则不同，它关注和表现的是恬淡、细微的景致，如"梨花院落溶溶月，柳絮池塘淡淡风"。唐诗和宋诗的不同，也反映在装饰艺术上。同为继往开来的时代，都呈现出华丽华贵，只是，唐代的华丽宏伟壮观，宋代的华贵隽永含蓄。

所谓盛唐气象是全方位的，唐代工艺技术的精绝推动了装饰艺术的全面繁荣。现藏于日本正仓院的螺钿紫檀五弦琵琶，其工艺之精，造型之美，令人叹为观止。唐代的装饰艺术中，三彩艺术最具代表性。唐三彩属于低温铅釉陶器，釉面色彩斑斓，呈现出绿、黄、褐、赭、红、蓝、白等多种色彩。因富含铅，釉面光亮，形成釉彩淋漓的独特效果。唐三彩的器型和纹样风格明显带有西域之风，尚刚先生称之为"胡风弥漫"。初唐厚葬成风，故三彩器具多为明器。其中，唐三彩镇墓兽（图 21）虽不失惊奇怪诞，其雍容华

---

① 尚刚：《中国工艺美术史新编》（第二版），高等教育出版社，2015 年，第 156 页。

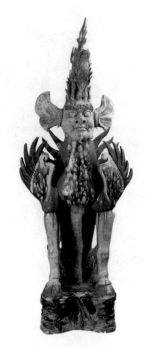

图21 唐三彩镇墓兽

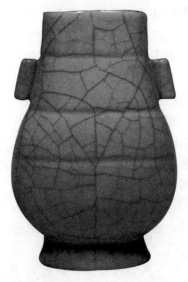

图22 宋瓷汝窑

贵之气却也咄咄逼人。尚刚先生评价唐前期的工艺美术是"堂皇高傲的贵族气派"[1]。深以为是。

宋人的艺术禀赋更是令人赞叹，他们将绘画、书法、诗词、雕塑、建筑等，几乎是艺术世界的全域推向了顶峰，宋瓷（图22）更是其中的翘楚。在政治史的描述中，大宋王朝是屈辱丧权、羸弱不堪的。但是，它在艺术领域的创造却又能比肩强汉盛唐，甚至超越二者。其中的奥妙在于，大宋王朝以商业的方式开创了一个开放而富有朝气的时代。用当下的词汇表述，汉唐的交往是面向欧亚大陆的陆权国家，而宋代开创的是面向海洋的海权国家。海上丝绸之路繁荣于宋代，面向海洋，八方交融，宋人如此开放的心态，自然迎来了艺术上的全面辉煌。宋瓷正是诞生于这样一个开放而交融的时代，"哥、汝、官、钧、定"所展现的华贵之气，也是万方来仪的雍容之气。

对于宋瓷以及宋代的总体艺术，已无需多言。但有一点是取得共识的，那就是宋瓷呈现的恬淡、隽永、内敛、华贵之气。

（六）明清时期的装饰艺术

明清两朝的装饰艺术门类众多，工艺精湛，具象写实，规范有序。明清两朝的装饰艺术，更适合从技术层面进行探讨和研究，就艺术风格和风貌而言，并无多少创新。虽如此，某几个领域还是有必要予以探讨和论述。

---

[1]尚刚：《中国工艺美术史新编》（第二版），高等教育出版社，2015年，第190页。

漆器至两汉三国以后，几乎不见其踪，到明代却异军突起，其中雕漆（图23）工艺精湛，风格特征一如明清两朝的整体风貌，具象写实，规范有序。黄成的《髹饰录》是对漆器工艺的梳理与总结，此书对于漆器技艺的传承，可谓善莫大焉。后技艺东渐，今之日本漆艺基本出自明代的工艺技法。①

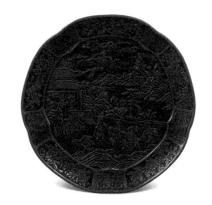

图 23 雕漆

瓷器是明清两朝装饰艺术中不可回避的内容，青花瓷更是在中国陶瓷史上独领风骚。明清时期的青花纹样（图24），狂放而不失法度，流露出绘者的真诚与率性，宛若积云下的一束阳光。除此之外，明清壁画和书籍插图②也值得一提。北京法海寺明代壁画（图25）算得上中国古代壁画的经典之作，它们呈现出的风格特征也具有时代气息，从工艺技巧的角度，可谓无懈可击。明代是中国古代出版历史上的高峰，图文并茂的书籍成倍增长，这其实反映了整个社会变迁下的历史必然

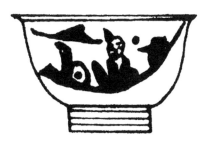

图 24 青花人物纹

性。上下阶层在流动与对话中，彼此找到一个共同的文化边缘——图像，这促进了书籍插图艺术的繁荣与成熟。特别是晚明时期的插图，堪称中国古代艺术精品之一。其中，徽州黄氏一门的剞劂氏③的雕刻技艺和晚明画家陈洪绶独创的艺术风格，共同造就了晚明插图艺术的传奇。

明清时期的装饰艺术包括的内容非常丰富，如木雕、砖雕、建筑以及各种文玩器具等，不一而足，并且其风格、特征因地域不同而迥异。概而言之，明清时期的各类装饰艺术，都呈现出繁缛工细的特征。应该说，明清时期达到了中国农耕社会的最高峰，更是农耕时代手工业制作的顶峰。因此，明清时期的装饰艺术门类几乎包括了一切手工制作所能涉及的领域。

---

①张岱：《夜航船》卷十二《玩器》："倭漆 漆器之妙，无过日本。宣德皇帝差杨瑄往日本教习数年，精其技艺。故宣德漆器比日本等精。"
②比照庞薰琹先生对于装饰画的分类。
③指雕版印刷中的雕版刻工，以刻字、刻图谋生。

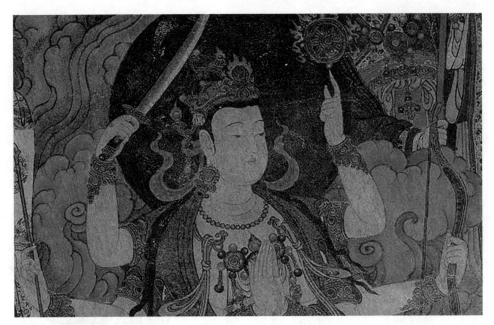

图 25 法海寺壁画

（七）民族民间装饰艺术

中国古代装饰艺术的创造者主要来自下层民众，而绝大部分享用者来自上层社会。史前时期阶级秩序并不明显，创造者与享用者并没有太大的阶级差异。从夏商周到唐代，享用者基本来自上层社会。因此，装饰艺术在创造上必须符合和服务于上层社会的需要与趣味。随着宋代城镇居民的出现，下层民众开始拥有服务于自身的装饰艺术。至明清两朝，服务于民众的装饰艺术门类、品质日臻成熟，并形成独立于服务上层社会的装饰艺术体系之外的民间装饰艺术。（图 26）

如果说服务于上层社会的装饰艺术是美化的功能物，那么民间装饰艺术则是功能物的美化。民间装饰艺术更注重器物的功能性，器物上的装饰意味较之其他装饰艺术更鲜活、更灵动、更具生命力。

中国各少数民族多才多艺，能歌善舞，他们在装饰艺术的创造上同样充满了智慧与想象。不同的民族个性、不同的自然环境、不同的宗教信仰、不同的历史发展道路，促使少数民族装饰艺术呈现出多姿多彩、五彩斑斓的面貌。各民族的率性与真诚，成就了少数民族装饰艺术既粗粝朴拙又热烈直接的艺术风格。历史是人民创造的，艺术同样也是由普通民众绘制的，这在民族民间装饰艺术上表现尤为突出。由普通民众创造又服务于普通民众的民族民间装饰艺术，是中国古代装饰艺术的重要组成部分，它们的加入极大地丰富和完善了中国古代装饰艺术。

中国古代装饰艺术是华夏文明的重要组成部分，也是一部中国古代社会的生活图鉴。它发端于现实生活的需求，服务于社会活动的各个方面；它是物质性的产品，却有着愉悦精神的意味；它强调器物的实用与功能，又注重唯美的表达。在漫长的发展演变过程中，它不断地推陈出新，提升和丰富了中国古代社会生活的品质与色彩。同时，它又是中国历史发展、变迁的图像证明。

三、研习中国古代装饰艺术的目的及意义

中国古代装饰艺术囊括了史前时期到清朝结束的漫长时期创造出来的各种装饰艺术，繁如天星。因此，需要通过充分的研究、分析，划分出不同的装饰艺术门类，并对应各个门类，遴选出优秀的古代装饰艺术。

古代装饰艺术存在的形式多种多样，然而装饰艺术研究者并不能亲眼看到所有的研究对象，即使是馆藏开放文物，也可能因未予陈列出而抱憾而归；抑或是图像模糊不清，不能详尽其意。故本次所辑录的古代优秀装饰艺术作品，均是在详细研究、分析后，细致手绘而成的图像资料。一是为本次的研究和论述提供相对准确和翔实的图像资料，二是为后来者提供一个相对可靠、科学的中国古代装饰艺术的研究资料。上述工作，可以说是本次研习中国古代装饰艺术秉持的态度和最基本的目的。

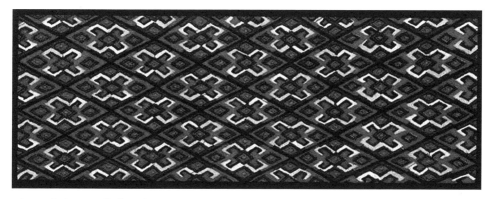

图 26 少数民族装饰图案

张光宇先生曾说："不懂装饰学就不能解决如何美化生活之需要。"张先生上述言论是他针对美术院校不够重视装饰艺术的学习而言。[①] 而要想学懂装饰学，古代装饰艺术是一座桥梁。[②] 中国古代装饰艺术在漫长的发展历程中，不仅融合了各民族装饰艺术的特点，而且大量吸收了外来装饰艺术的特点。中国古代装饰艺术一直在不断地吸收、融合和创新，但又始终保持自身特有的艺术风格。这种从吸收、融合到创新的能力[③]，是研习中国古代装饰艺术的重要目的。中国古代装饰艺术创作者在艺术创作中往往需要适应各种各样复杂的条件，打破各种各样严苛的限制，因此，必然需要不断地创造新的、适合复杂条件的、突破限制的表现形式、表现方法和表现技巧，这是研习中国古代装饰艺术的主要目的。

如何通过研习达到上述目的，庞薰琹先生的一段话非常值得每一位研习者认真地研读体会："应该从传统中，学习各种各样的表现手法。应该研究不同社会、不同时代所产生的不同风格。应该研究不同创作态度、不同创作方法所产生的不同效果。应该研究不同的创作思想、不同的感情、不同的修养所产生的不同作风。应该研究不同的材料、不同的处理、不同的结构所产生的不同形式。应该研究不同的条件、不同的工具、不同的制作所产生的不同特点。应该研究不同的手法、不同的技巧所产生的不同表现。学习传统，只能是一步一步深入。"[④] 庞先生用了七个"应该"，指明了研习传统装饰艺术的内容与方法。

美国学者艾迪斯和埃里克森提出，在视觉社会，要想获得远距离审视效果——看得更清楚，需要拉开足够的距离，他们提出两种方法：一是空间移动，即换一个新地方就会关注以往忽视的细微末节之处；二是时间移动，拉开时间距离看事物，即通过研究以往的事物，获得远距离审视的效果。[⑤] 这是研习中国古代装饰艺术的第三个目的。此目的，不仅有利于当代装饰艺术的创作者远距离审视当下装饰艺术创作的诸多问题和瓶颈，同时，对于

---

① 唐薇、黄大刚：《张光宇艺术研究（上编）：追寻张光宇》，生活·读书·新知三联书店，2015年，第393页。
② "历代装饰风格这门课，是学习装饰画的一门必修课，它是从绘画基础练习，进入到专业学习的桥梁。"见庞薰琹：《中国历代装饰画研究》，上海人民美术出版社，1982年，第125页。
③ "……不单敢于创新，也善于创新。而且往往不是有了条件再创新，相反往往是在创新的过程中，为工作创造了条件。"见庞薰琹：《中国历代装饰画研究》，上海人民美术出版社，1982年，第125页。
④ 庞薰琹：《中国历代装饰画研究》，上海人民美术出版社，1982年，第126页。
⑤ ［美］艾迪斯、埃里克森：《艺术史与艺术教育》，四川人民出版社，1998年，第185—187页。

其他研究者而言，由于中国古代装饰艺术囊括了古代社会生活的方方面面，或能从中拉开时间距离，审视自己研究领域的得失。如此，今天再次涉足中国古代装饰艺术领域的研究，显然意义深远。

较之西方古典艺术，中国古代装饰艺术在创造上通过细微地观察自然并内化于心，再经过简化、概括、提炼，运用线条的形式，呈现出一种非自然客观的形态。可以说，创作者对自然形态的主观认知和个人意志，对中国古代装饰艺术的形式、色彩都有着较大的影响，而个人意志往往会受到来自群体、社会、国家等诸多外在因素的影响。基于此，中国古代装饰艺术承载着不同历史时期的艺术风格、审美追求，同时还隐含着每一个历史时期人的意志、国家与社会的发展变迁等诸多历史信息。因此，中国古代装饰艺术不仅是审美的实体，也是历史研究的原始文献。这应该是研究中国古代装饰艺术所隐含的意义。

中国古代装饰艺术需要开展广泛的专题研究，这是研习中国古代装饰艺术最深远的意义，也是坚定文化自信坚实的一步。

四、新时代、新方式的装饰艺术

今天，研习中国古代装饰艺术，一方面是通过学习与研究，继承、保护优秀的传统文化，挖掘、保护、传承优秀的中国古代装饰艺术是新时代艺术研究领域的一个重要命题。另一方面，研究中国古代装饰艺术，不是为了汇编成册后束之高阁，也不是请进博物馆奉若神明，而是结合新时代的大众需求、社会风尚、文化特色，深入地探讨如何将传统元素融入新时代国家、民族意志，并内化于心，创造出新时代、新方式的装饰艺术。

诚如前面庞薰琹先生所言，研习传统装饰艺术是要学习和研究它的内在精神与外在方法，而非原样抄袭的拿来主义。不同历史时期的装饰艺术均诞生于特定的社会环境和文化背景，明显带有各个时代的社会、文化特色。历代装饰艺术之间虽有明显的承续关系，但鲜有照搬抄袭之作。回溯中国古代装饰艺术，不难发现，后一个历史时期的装饰艺术，总是在对前者的吸收、融合、创新的基础之上，创造出属于本时代的装饰艺术。同时，对于各个民族和外来的装饰艺术，更是采取了吸收、融合、创新的方法。庞薰琹先生说："两千多年来，一直是不断地吸收、融合和创新，但是始终保持着我国装饰艺术的特有风格。"[①] 因此，中国古代装饰艺术是一个具有前后承续关系的

---

①庞薰琹：《中国历代装饰画研究》，上海人民美术出版社，1982年，第125页。

完整体系。应该看到，中国古代装饰艺术能永续流传，得益于不断吸收、融合下的推陈出新，而非照搬前朝。

新时代的装饰艺术与中国古代装饰艺术一脉相承，既要传承古代装饰艺术的手法和技巧，又要学习它不断吸收、融合、创新的精神。因此，创新是新时代装饰艺术的主题。

对于如何创造出新时代的装饰艺术，仅提出两点思考：

一是形式、内容的创新。从各个历史时期的装饰艺术发展上看，装饰艺术始终紧扣时代主题。两汉时期浪漫主义风格弥漫，所以产生了马踏飞燕、长信宫灯等极具浪漫色彩的装饰作品。汉代的生死观中，往生世界是现实生活的再现，因此，画像石、画像砖上充满了人间意味。新时代有新的时代主题，有新的内容，更有新的艺术形式。比如，今天，城乡建设快速发展，城市和乡村的市容村貌美化成为一个突出现象。中国幅员辽阔，各区域因发展不平衡，导致市容村貌美化工程发展不一。经济发达区域的美化工程普遍结合时代精神和时尚元素，偏远区域或民族地区则多利用传统文化符号。孰优孰劣，可谓仁者见仁，智者见智。但有一点需要说明，当代城乡建设主旨突出和谐，即人与环境、人与建筑、建筑与建筑、建筑与环境的和谐。同理，市容村貌的美化内容应该与环境和谐，与美化主体和谐，与行于此、居于此的人和谐。

二是新的方式的创新。装饰艺术的发展史也是一部工艺技术的成长史。装饰艺术不仅美在纹样的形式，还美在工艺、技术。如果楚人没有掌握精准的失蜡法，就无法造出铜冰鉴。因此，技术可以限制装饰艺术的发展，也可以成就装饰艺术的辉煌。当下，科学技术日新月异，如何结合当下尖端技术呈现科技与艺术完美结合的新装饰艺术，是当代艺术家与工程师需要共同思考的命题。令人欣慰的是，这一命题已经有了一个良好的开始。冬奥会开幕式就为世人呈现了一幅科技与艺术完美结合的图景（图27）。我国武汉黄鹤楼的夜空一飞冲天的火凤凰（图28）是通过尖端激光技术让凤凰这一千百年来存在于中国人脑海中的幻象成为一个有3D实感的瑰丽影像。这是技术成就的辉煌，是新时代装饰艺术带来的震撼。

一百多年前，钢铁技术日臻成熟，埃菲尔铁塔横空出世。人们惊艳于它的形态，更叹服于它的技术。新技术带来的新艺术，开始往往是不被世人所理解的，诚如埃菲尔铁塔诞生之初，人们争先恐后地前往只是为了一睹这一"钢铁怪物"。而今天，对于法国，对于世界而言，它是人类伟大的杰作，也是艺术与技术融合的杰作。可见，新技术的诞生必然带动艺术风格的发展与改变。当新技术与艺术相遇，必然会诞生出符合新时代气息的新艺术。同时应该看到，在装饰艺术的创造中，技术始终是创作的外部条件。只有创作

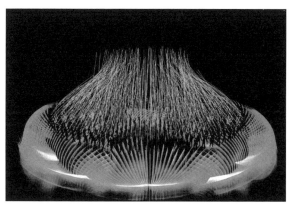

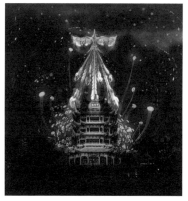

图 27　冬奥会开幕式图景　　　　　　　　　　图 28　黄鹤楼火凤凰激光夜景

者自如地掌握了装饰艺术的内在形式规律与审美原则，技术才能成为最后的点睛之笔。

　　因此，深入研究中国古代装饰艺术，是装饰艺术创新的前提，这条路任重道远。我们始终相信，行则将至，做则必成。

　　中国古代装饰艺术灿若星河，绵延不绝。千百年来，中国古代装饰艺术通过对衣、食、住、行的修饰、打扮，将每一个历史时期的时代精神融入社会结构之中，构建了华夏文明的心灵历史；同时，它又展现着中国古代物质生活之美。诚如李泽厚先生所言：

　　"我们在这里所要匆匆迈步走过的，便是这样一个美的历程。

　　那么，从哪里起头呢？

　　得从那个遥远得记不清岁月的时代开始。"①

---

① 李泽厚：《美的历程》，生活·读书·新知三联书店，2009 年，"引言"。

第一部分 瓦当艺术

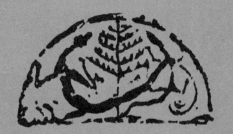

　　"瓦"是普遍见于世界建筑的一种材料,但"瓦当"却是中国古代建筑中独有的一种"瓦",它的出现源于中国古代对建筑保护的需要。随着建筑功能的变化,建筑及建筑材料逐渐成为装饰艺术的载体。瓦当因此为世人所熟知,并逐渐形成中国古代装饰艺术的一个门类——瓦当艺术。

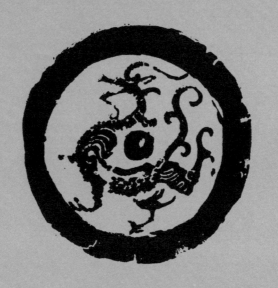

一、瓦当的出现与分布

"瓦"是指覆盖于屋顶的弧形陶片。中国古建筑上的"瓦"由两种形式的瓦片组成：板瓦和筒瓦。板瓦仰铺于屋顶之上，筒瓦覆于两行板瓦之间，筒瓦的末端下垂的特定部分，称为"当"。瓦当即覆盖建筑檐头筒瓦前端的遮挡。瓦当既是瓦的收头，又起到保护木制椽子和飞檐不被雨水侵蚀的作用，同时便于雨季时屋顶迅速排水。瓦当一般呈圆形或半圆形，后出现三角形和扇形。排列整齐的瓦当对于建筑外观亦起到一定的美化作用。

据文献记载，夏朝建筑中已经开始使用瓦。但考古研究表明，至殷商时期的建筑仍然是夯土版筑而成。最早"瓦"的实物见于西周早期，目前已知最早的瓦当实物发现于陕西扶风召陈遗址，年代属于西周中晚期，陕西扶风岐山是发现西周瓦当较集中的区域。瓦当从出现以来，历代都一直沿用，至今在仿古建筑中仍然使用。

瓦当在自春秋战国时期至秦统一中国的发展中，出现过一个小的辉煌。秦统一中国后，曾在咸阳周边营造仿六国宫阙的建筑群。杜牧曾在《阿房宫赋》中记载该建筑群的规模："五步一楼，十步一阁；廊腰缦回，檐牙高啄；各抱地势，钩心斗角。"从中我们能大概想象出宫殿群的恢弘。另外，秦始皇陵北二号建筑遗址曾出土了一件直径61厘米、高48厘米的大半圆形瓦当，在辽宁同期遗址中亦曾发掘出此类型的瓦当。由此可见，《阿房宫赋》并非完全是文学的想象与创作。

进入两汉时期，瓦当艺术达到了历史辉煌的顶峰。一方面，汉代是中国历史上的一个大一统王朝；另一方面，汉王朝对内维持社会稳定，充分发展农业经济，对外打通河西走廊经略西域，沟通东西交流，促进丝路贸易的持续繁荣，两汉时代迎来了中国农耕文明的第一次辉煌。班固的《西都赋》曰："汉之西都，在于雍州，实曰长安……建金城而万雉，呀周池而成渊。披三条之广路，立十二之通门。内则街衢洞达，闾阎且千，九市开场，货别隧分。人不得顾，车不得旋，阗城溢郭，旁流百廛。红尘四合，烟云相连。"可见，两汉都会之繁华，城市之恢弘。瓦当不再囿于宫阙楼阁，亦成为闾阎之家的装饰。瓦当成为民居建筑装饰物，是汉瓦当走向辉煌的重要因素之一。随着瓦当使用范围的扩大，不同地域间的交流碰撞，促使汉代出现各种美轮美奂、制作精良的瓦当。另外，两汉文化艺术的影响是汉瓦当艺术达到辉煌顶点的另一个重要因素。三国两晋南北朝时期，基本延续了两汉瓦当艺术的风格特征。

隋唐时期出现了在泥质瓦坯上施以釉彩烧制的琉璃瓦当。釉色分青、绿、蓝、黄等多种，属于高等级建筑物使用的瓦当。宋以后出现金属瓦当，包括铸铁、黄铜和抹金三种形式。[①]虽然宋代瓦当整体的艺术成就略逊于两汉时期，但北方辽金区域的瓦当艺术曾出现一个小的辉煌期，元明清三代瓦当艺术逐渐进入低谷。虽然明清两代的皇宫、王府被琉璃瓦和琉璃瓦当装点得金碧辉煌，但是城镇民居建筑因民间装饰手法的多样化，逐渐削弱了瓦当在民居建筑中的装饰作用。明清时期瓦当在民居建筑装饰上的逐渐弱化是瓦当艺术走向衰落的重要因素之一。

此外，瓦当为世人关注是由于清中期金石学的兴盛，康雍乾时期已有学者醉心于考据、著录瓦当纹样与铭文，使得瓦当收藏之风大盛。1949年以前，不少学者对瓦当进行专门辑录和汇编，前人汇集的瓦当拓片图册为瓦当艺术的研究提供了珍贵的资料。

二、瓦当纹样分类与风格

中国古代瓦当艺术集中出现在战国至两汉时期，这一时期瓦当从出现到辉煌呈现出一个相对连贯的发展轨迹。因此，其艺术风格连贯而一致，并且确立了中国古代瓦当艺术的主体风格与基本走向。其后唐宋辽金时期以及元明清三代基本囿于此风格。唐宋时期瓦当主要表现在材质的变化上，纹样虽亦出现变化，但总体上没能超越秦汉。辽金时期瓦当艺术有过短暂的辉煌。但此后，明清时期瓦当艺术逐渐衰落。

中国古代瓦当艺术的风格概括起来，表现出"朴""真""善"三个方面。"朴"是指造型简约，不过度修饰，大刀阔斧又不失装饰性，寥寥数笔，神形兼备。同时陶制的材质亦令瓦当更多了一份朴素之美。"真"一方面是指瓦当上描绘的动植物神态的生动写实，即便是"四灵"这类想象的瑞兽也令人感到生动真实，呼之欲出；另一方面，是创作者、制作者的真情流露。瓦当上的动物种类多达十余种，都充分展现出匠人的匠意匠心，这正是他们对

---

①金建辉：《中国古代瓦当纹饰图典》，浙江古籍出版社，2009年，第7页。

自然、对生活热爱的真情流露。"善"是指纯善之美。一方面，瓦当上展现的动物虽是瑞兽猛禽，却都和善而纯良，寓意着人或神的世界一切美好，文字瓦当上的吉祥语更突显了"善"的主题；另一方面，制作之精美完美地诠释了止于至善。

春秋战国时期的瓦当主要是半圆形，树纹是典型纹样。一般以树的主干为轴对称构图，枝叶向左右呈扇形张开，构成植物纹瓦当的主体。在此基础上又分为两种形式：一、植物与动物组合纹样，即在植物纹空隙处，左右放置一对动物，如马、兽、鹤、蜥蜴、鱼等（图1）；二、线条纹样，即空隙处填充卷曲纹补白（图2）。战国时期瓦当造型简朴、稚拙，明显带有事物发展初期的稚嫩之感。

秦代出现了瓦当艺术的短暂辉煌，如果不是国祚短促，秦瓦当应该有更高的艺术成就。秦瓦当由半圆形瓦当逐渐发展为圆形瓦当，纹样种类较丰富，主要有三类：一是以动物纹样为主，有凤鸟、夔凤、鹤、獾、豹、鱼、

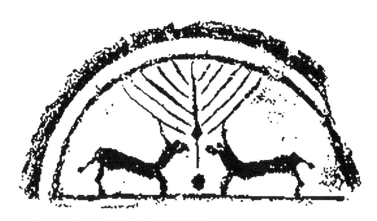

图 1 植物与动物组合纹样的瓦当

图 2 卷曲纹瓦当

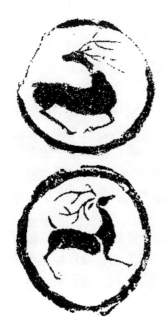

图 3 鹿形纹样瓦当

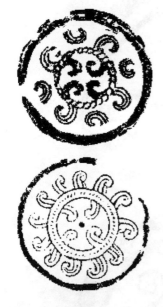

图 4 葵纹瓦当

鹿等。灵禽瑞兽的造型颇具楚地风格，而最出彩的是鹿的造型，有卧鹿、回首鹿、奔鹿、立鹿、群鹿和对鹿，几乎囊括自然界中鹿的各种形态，体态优美，造型精准，笔法简练（图3）。在楚人的漆器装饰物中，鹿是一个频繁表现的主题，秦瓦当中鹿的造型与楚漆器中的鹿如出一辙。战国时期屡有楚人入秦国为官，[①]他们是否成了楚艺术的传播者？二是植物纹样，秦代植物纹以葵纹为主，包括花苞纹和树纹。葵纹应该是表现某种植物的花蕊，具体何种植物较难辨识（图4）。秦代葵纹变化丰富，容易联想到彩陶上的漩涡纹，但又有不同。三是云纹，秦代云纹与葵纹颇多近似，疑为葵纹进一步变化形成（图5）。上述反映出秦代瓦当达到较高的水平，汉瓦当是秦瓦当的继承者，并将瓦当艺术推到了辉煌的顶点。

汉瓦当的纹样种类与秦瓦当基本相同，并且纹样上几乎脱胎于秦瓦当纹样，特别是云纹，其纹样呈现秦汉难分的情况。汉代瓦当中值得关注的是，流行于长安一带的青龙、白虎、朱雀、玄武的"四灵"瓦当（图6），金建辉教授认为"四灵"瓦当是图像类瓦当的压卷绝唱，[②]汉代"四灵"图瓦当的确达到中国古代瓦当艺术的顶点，从雕塑艺术的角度来看，它们的艺术成就亦不容忽视。它们在造型风格上明显借鉴和学习了秦代凤鸟、夔凤瓦当的造型，同时融会了汉代特有

①平定嫪毐之乱的相国昌平君、昌文君曾是楚国公子。
②金建辉：《中国古代瓦当纹饰图典》，浙江古籍出版社，2009年，第8页。

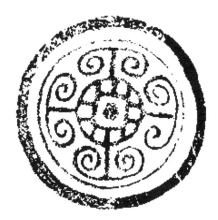
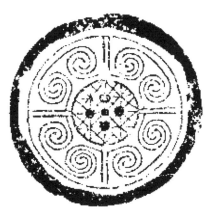

图 5 云纹瓦当

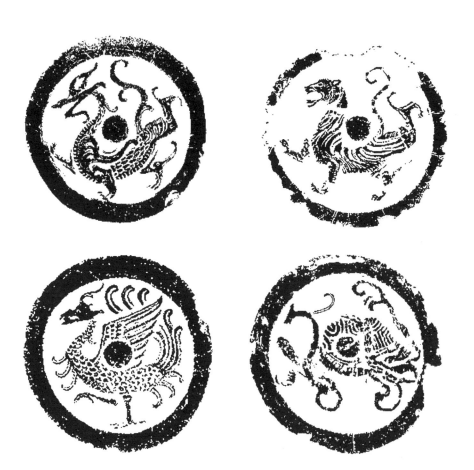

图 6 "四灵"瓦当

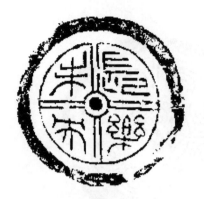

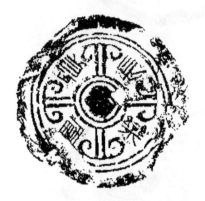

图 7 文字瓦当

的气势、运动和力量之美，创造出汉代瓦当艺术所独有的古拙、苍劲之感。金建辉教授认为汉瓦当的广泛取材对汉画的影响深远。[①]实质上，汉画不仅是受到其取材的影响，汉瓦当表现出的古拙、苍劲、气势、运动、力量都对汉画艺术产生了深远影响。除"四灵"图的绝响，文字瓦当是汉瓦当的另一大特色。文字瓦当较文字汉砖要丰富许多，其中一类为吉语组合式，以四字吉语为主。"长乐未央""长乐富贵""长生无极"等（图7），其构图形式与云纹相仿，保留云纹中心部分，四周以文字取代云纹。另有圆形三字如"乐未央"；圆形两字如"万岁"；圆形一字如"乐""卫"；半圆两字"千秋""万岁"等。另一类是图文组合，图为瑞兽，文字仍然是吉语，如圆形仙鹤图与"延年"组合（图8）。由于瓦当都是模具翻制而成，汉瓦当上的文字整体更加工整精致。汉代的瓦当艺术光彩卓然，秦代瓦当所给予的基础自然不容忽视。

两汉以后的瓦当虽各有特色，但是总体上没能超越前代。不过亦有一些值得一提的纹样形式，如唐代的莲花纹样。莲花纹在秦代瓦当中偶有见到，而大量使用是魏晋以后佛教东渐，莲花纹开始大量出现。到唐代，瓦当上的莲花纹从素瓣莲花纹发展到复瓣莲花纹，四周伴有连珠纹，形态饱满、华贵，颇具大唐的雍容之气（图9）。此外，辽金时期的

---

①金建辉：《中国古代瓦当纹饰图典》，浙江古籍出版社，2009年，第8页。

兽面纹瓦当较有特色。辽金时期的兽面纹（图 10）并非源自青铜时期的兽面纹，它的原型应该受到北方草原文明——西徐亚艺术的影响，表现的是自然界中狮子一类的猛兽。这与辽金源自游牧民族的历史相契合，而这种兽面纹瓦当一直沿用到清代。

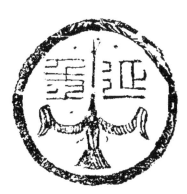 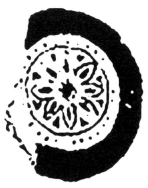 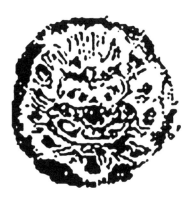

图 8 图文组合瓦当　　　　图 9 莲花纹瓦当　　　　图 10 兽面纹瓦当

　　中国古代瓦当艺术从西周晚期出现到两汉时期迎来辉煌的顶峰，其后的发展虽略有变化，但并无大的突破。而两汉瓦当艺术的基础是秦代瓦当，因此从中国古代装饰艺术的视角来看，应该称其为秦汉瓦当艺术。

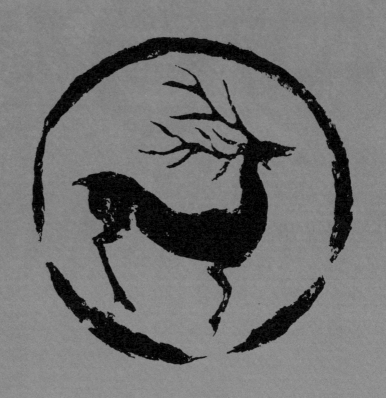

瓦当艺术装饰图样

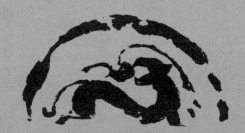

　　西周早期至两汉是中国瓦当艺术的辉煌期。其后，唐、宋（辽金时期）、明、清均出现瓦当，但均未能超越两汉时期的辉煌。这里辑录的瓦当艺术装饰图样，以西周早期至两汉的瓦当为主。考古发现表明，西周早期已使用瓦当。春秋战国时期，瓦当的发展出现一个小高潮，到两汉时期，瓦当艺术达到辉煌的高峰。

　　瓦当的图样内容包括造型与纹样。瓦当造型分为圆形和半圆形两种。图样有动物纹，如凤鸟、夔凤、鹤、獾、豹、鱼、鹿等，植物纹样有葵纹、花苞纹、树纹，以及云纹、文字纹等。此外，汉代的青龙、白虎、朱雀、玄武"四灵"瓦当，是中国瓦当艺术达到巅峰的表现。

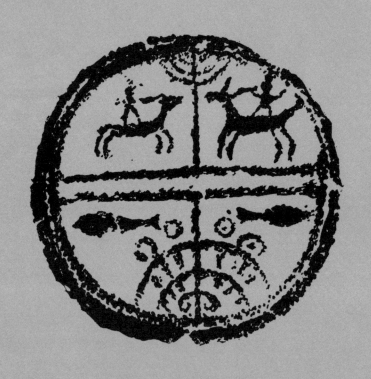

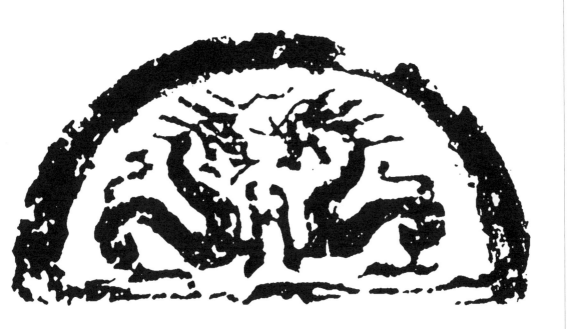

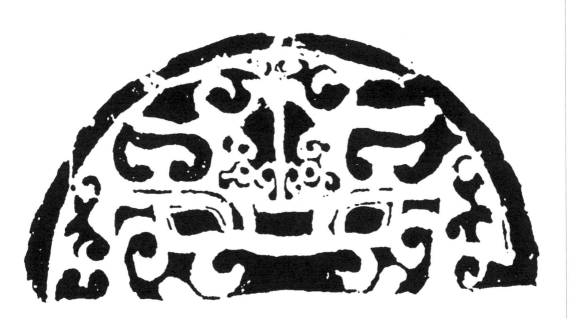

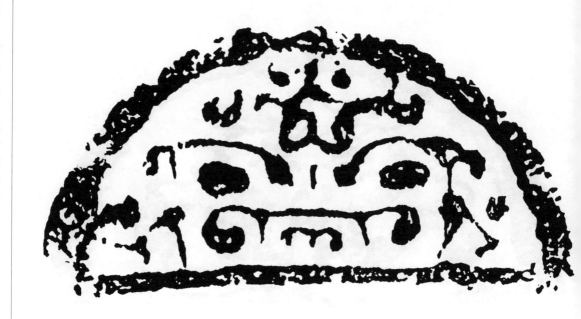

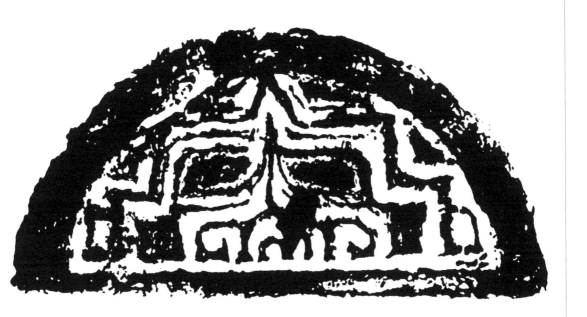

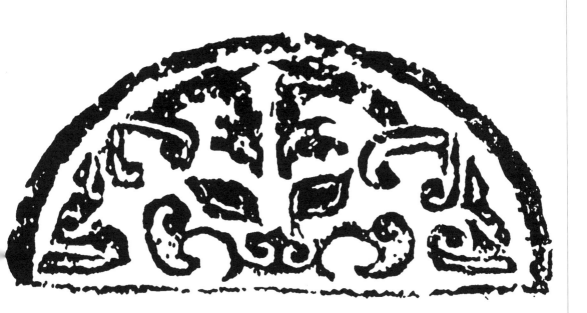

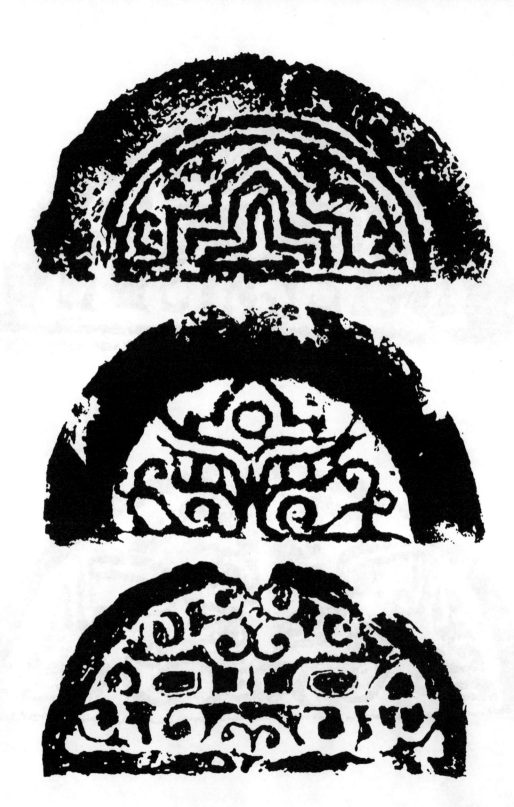

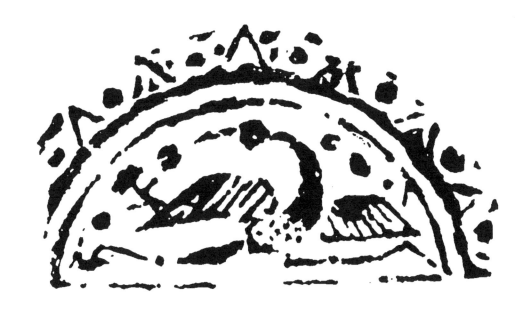

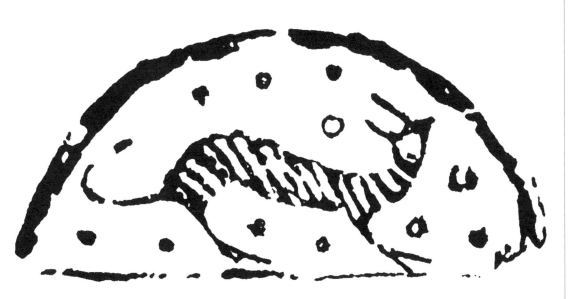

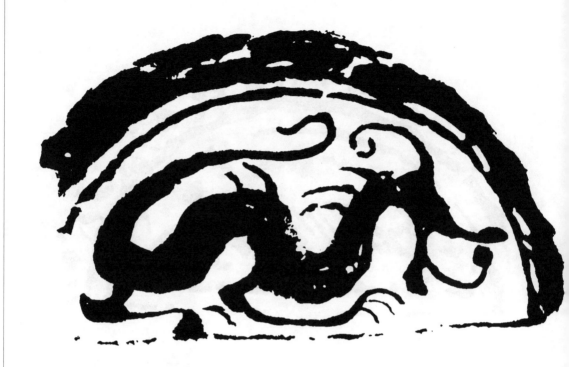

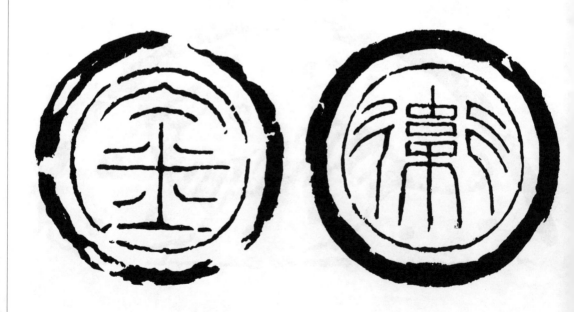

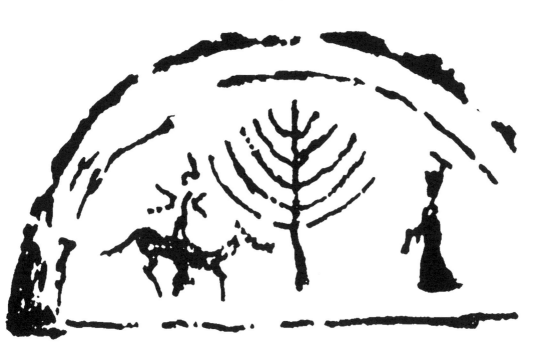

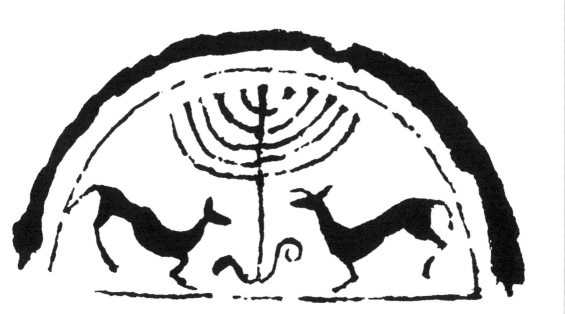

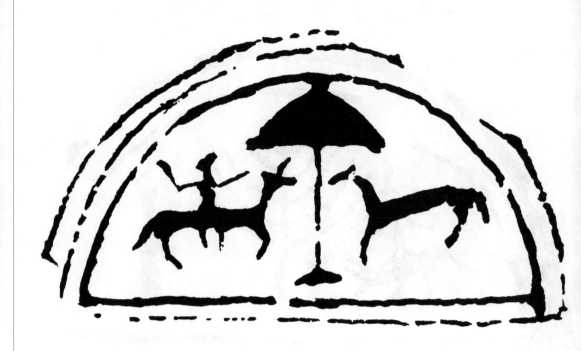

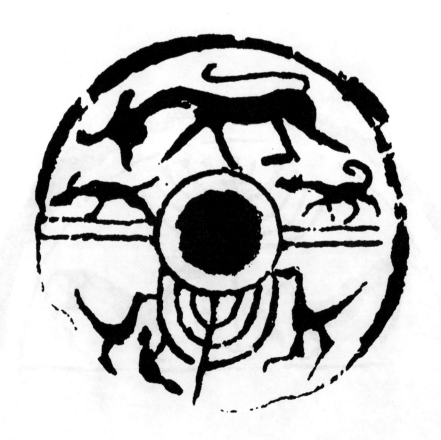

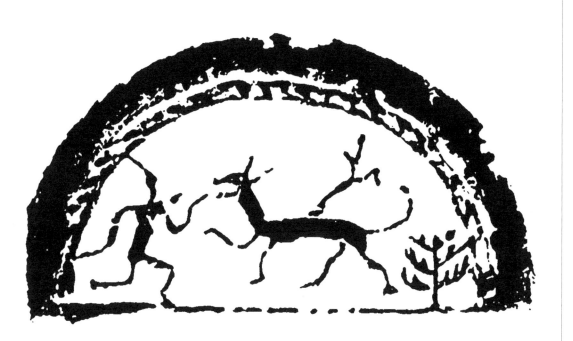

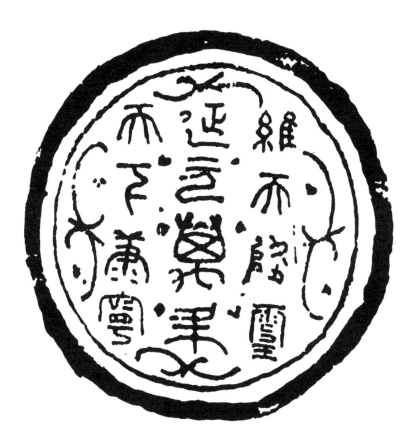

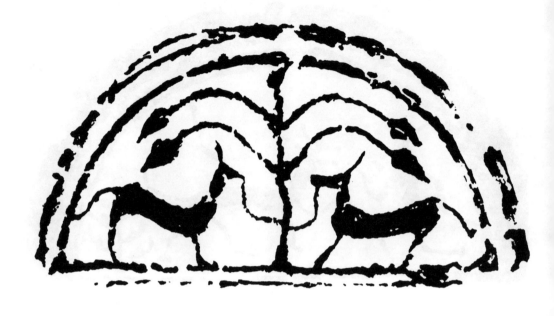

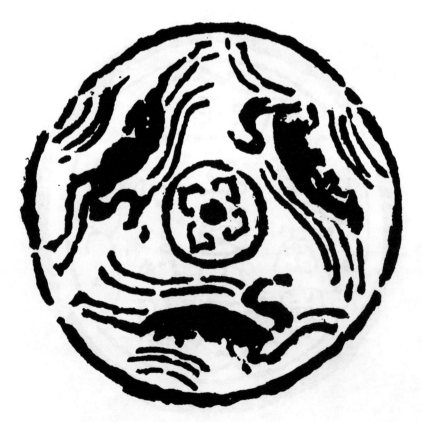

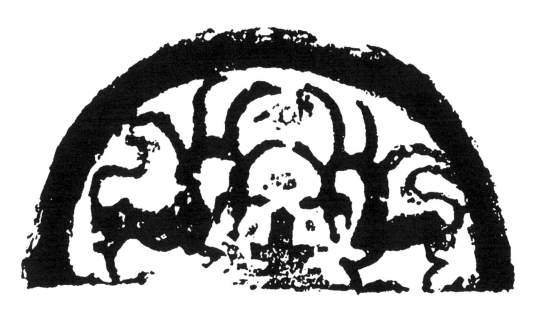

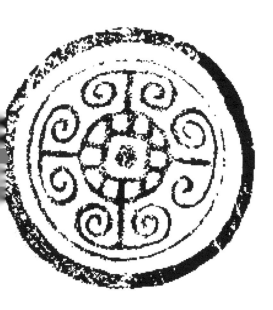

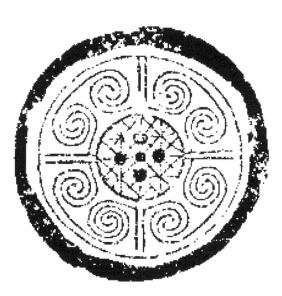

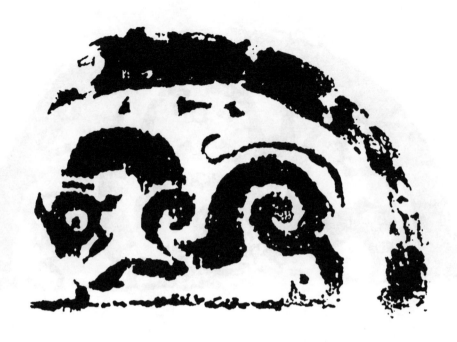

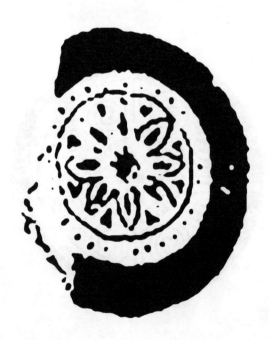

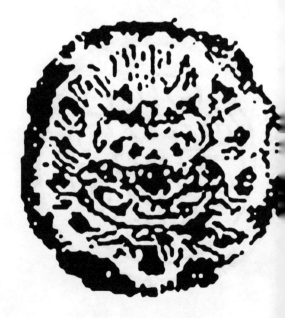

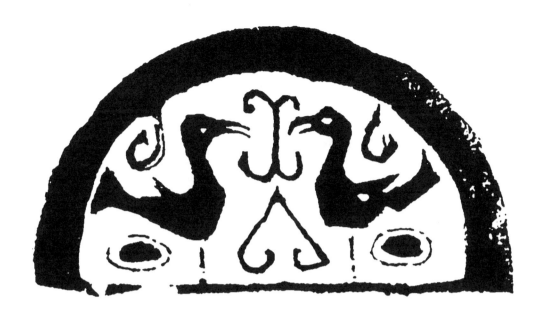

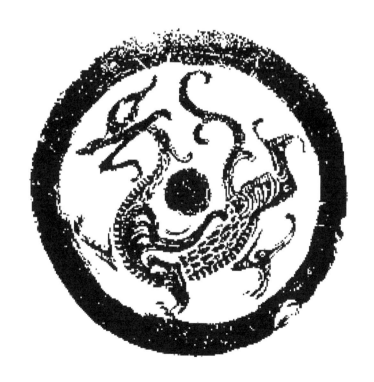

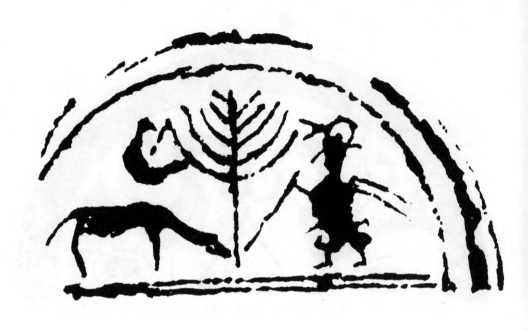

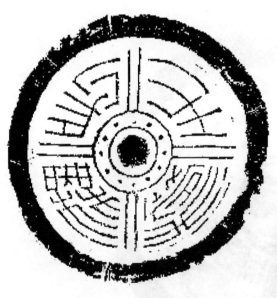

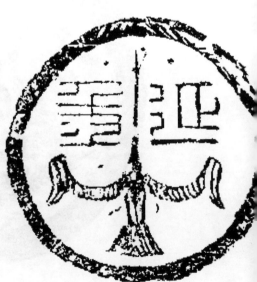

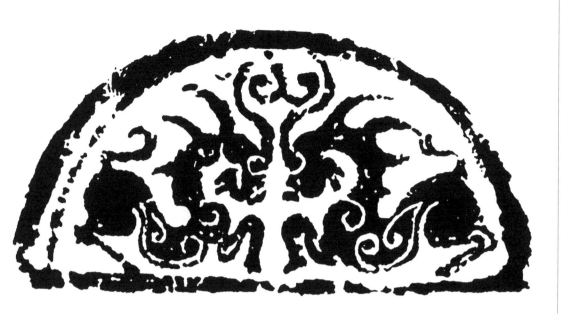

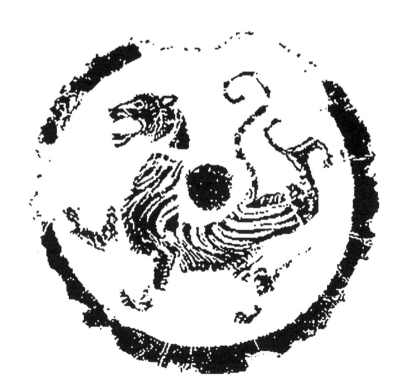

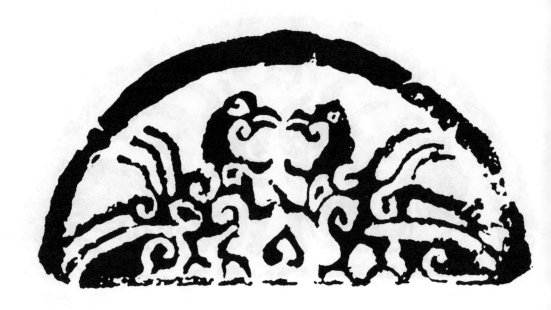

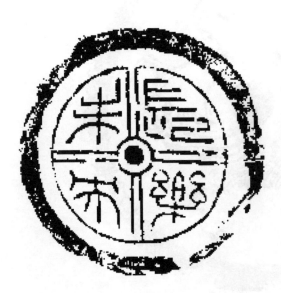
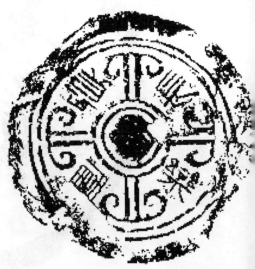

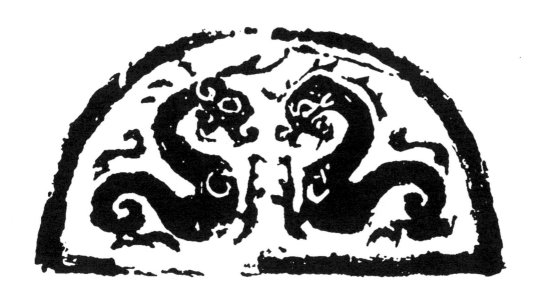

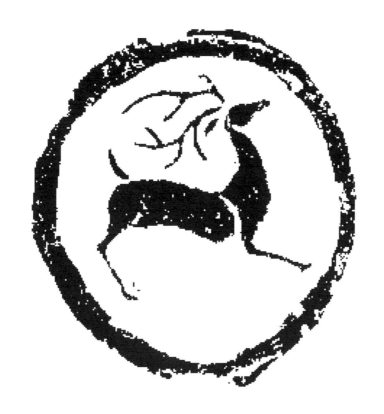

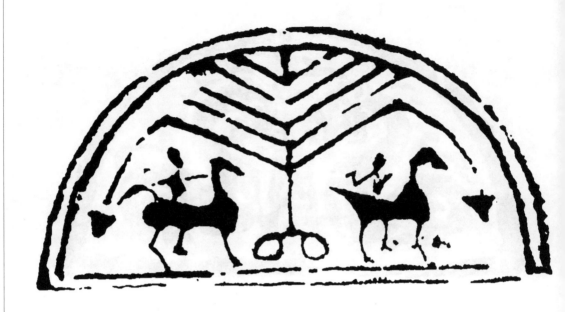

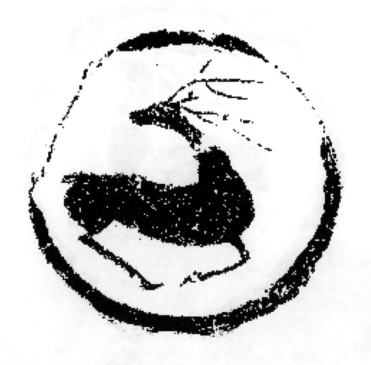

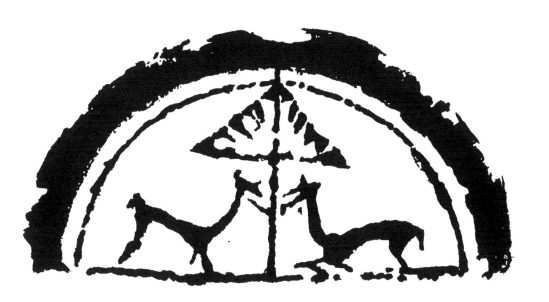

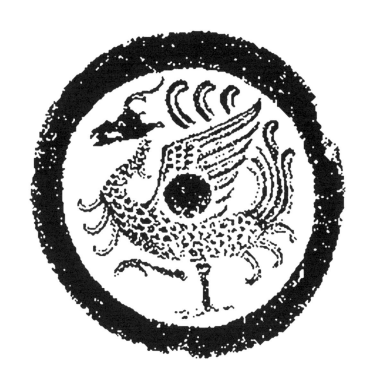

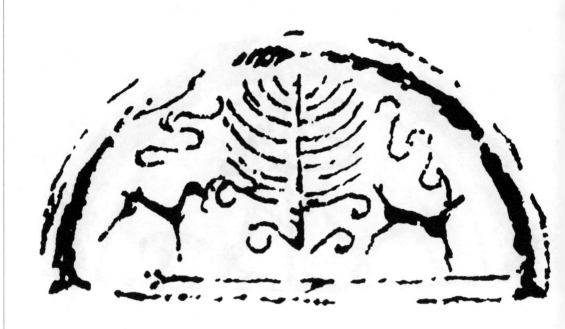

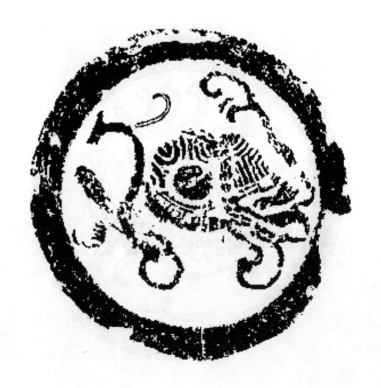

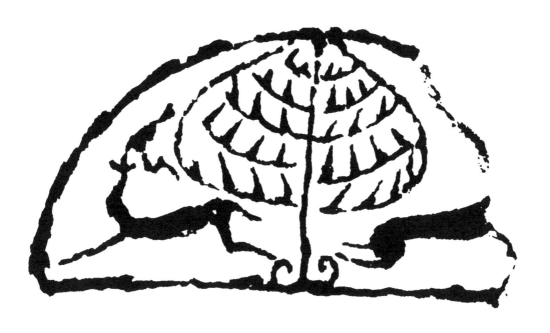

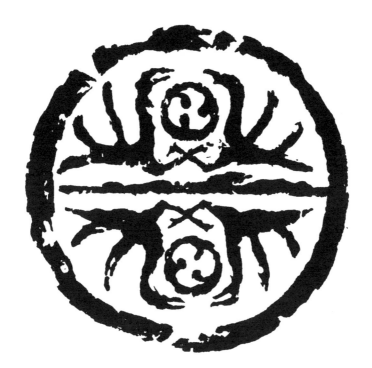

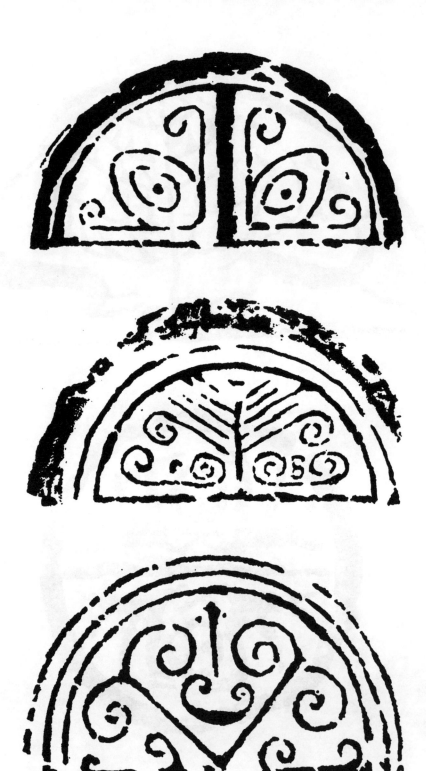

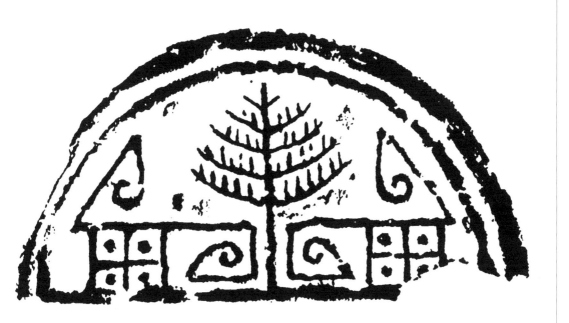

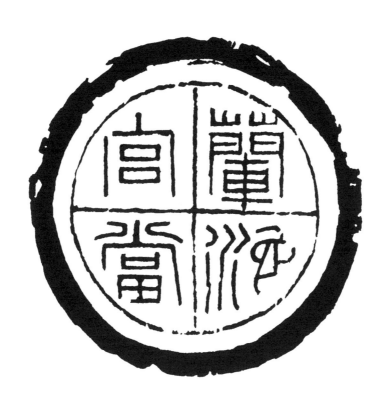

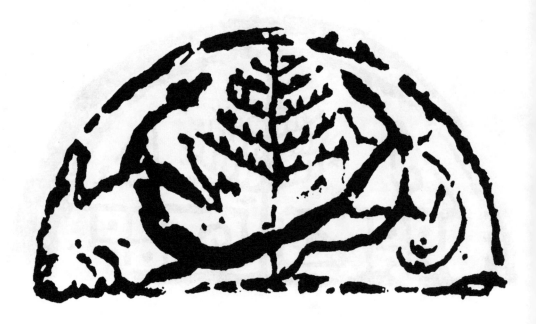

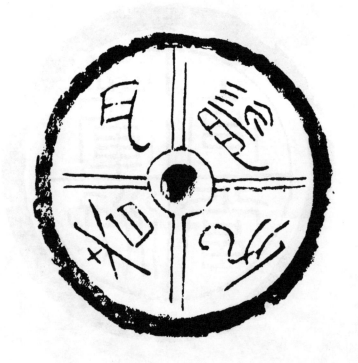

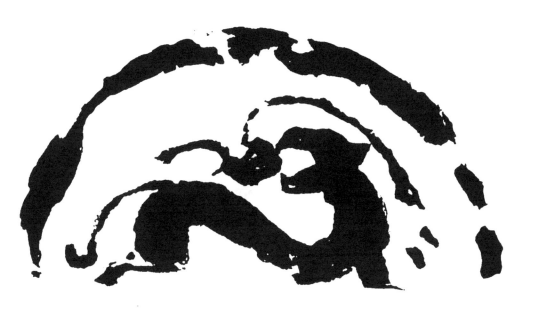

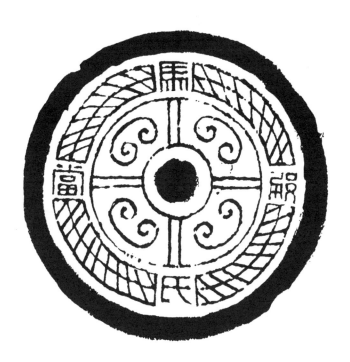

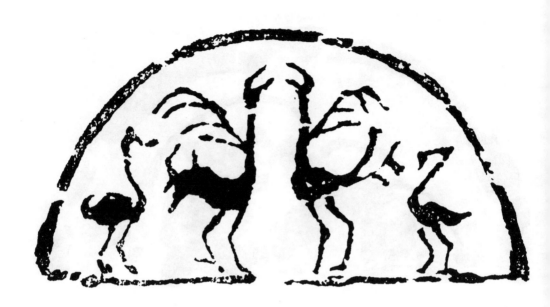

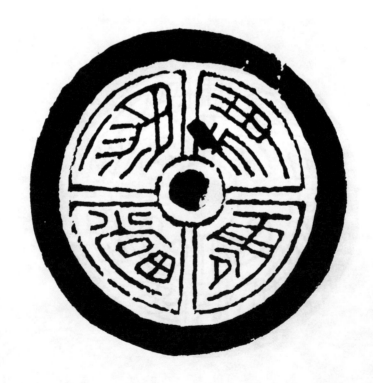

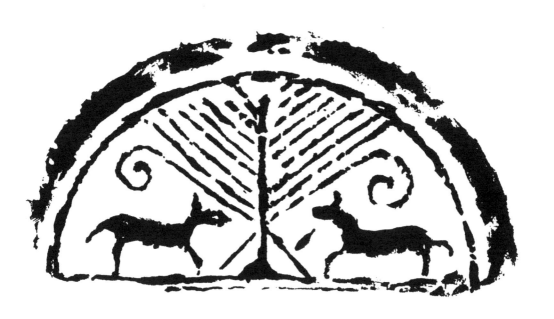

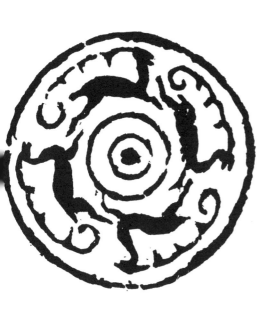

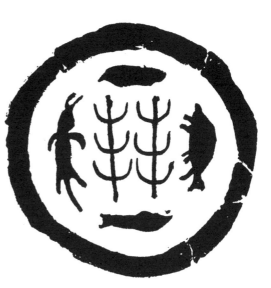

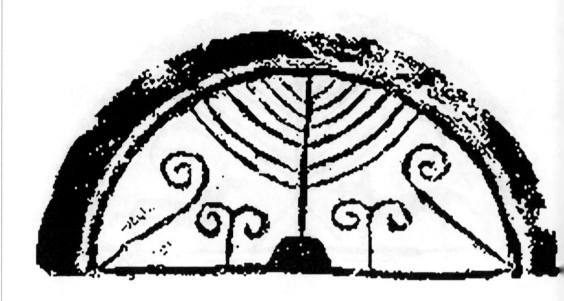

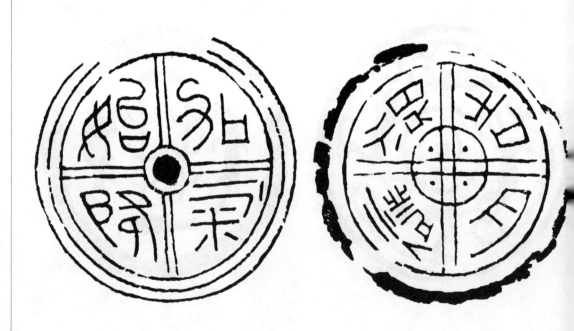

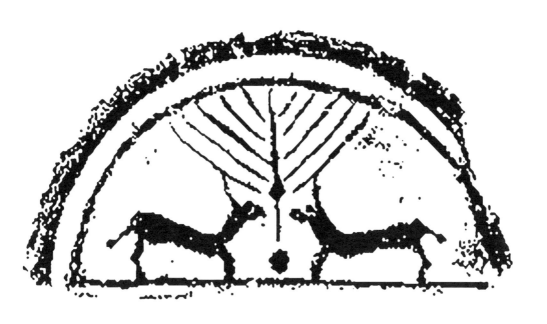

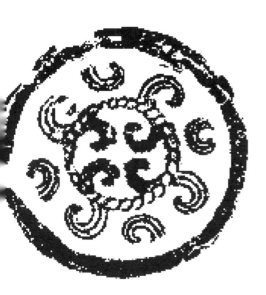
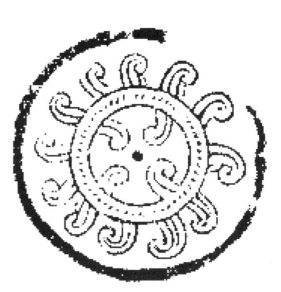

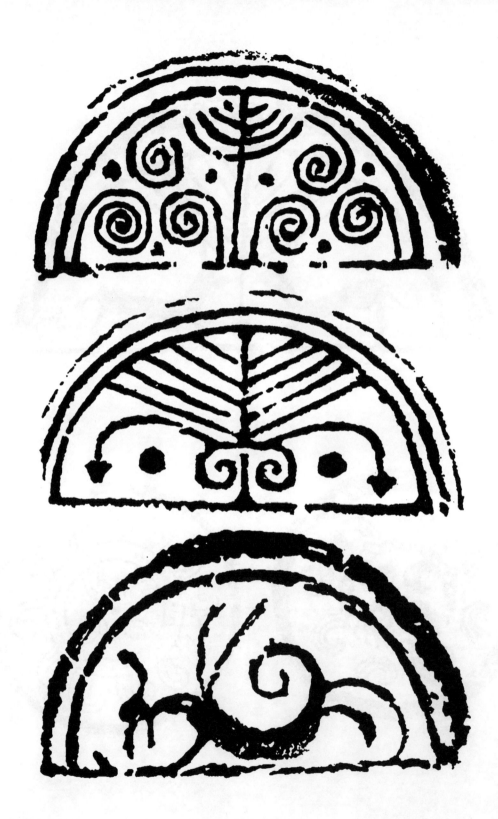

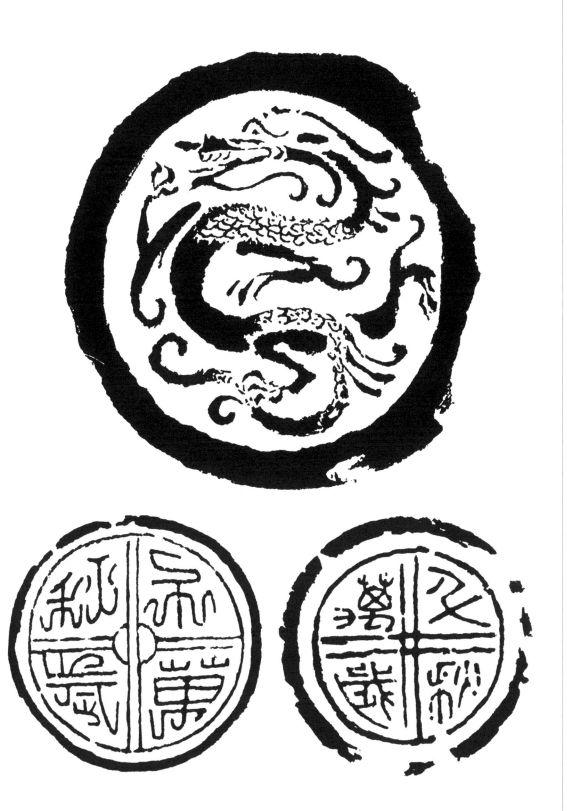

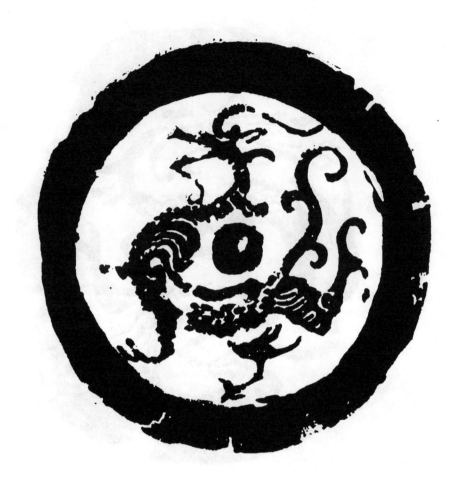

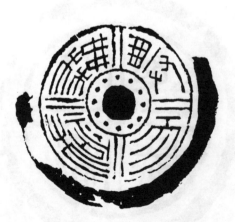

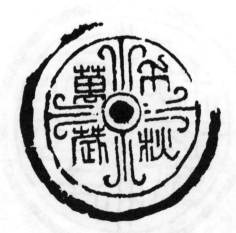

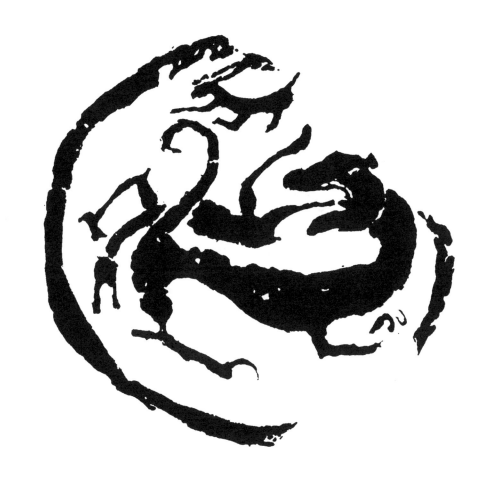

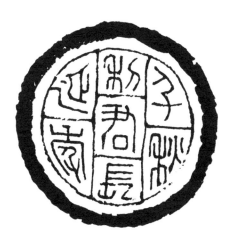

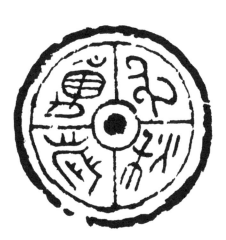

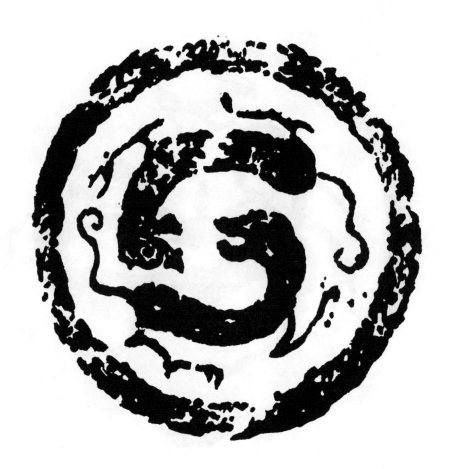

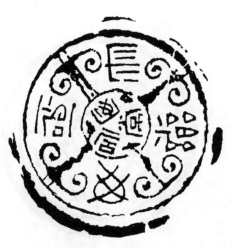

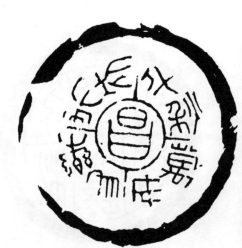

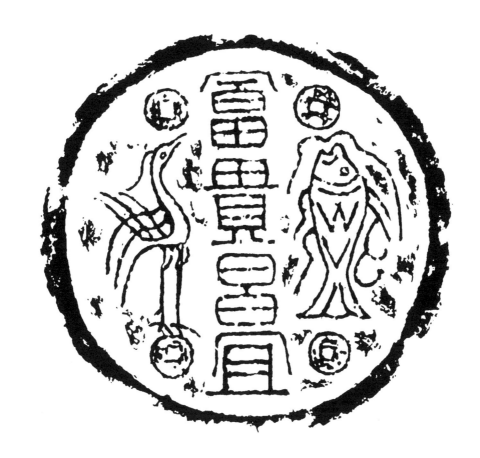

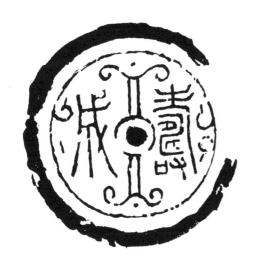

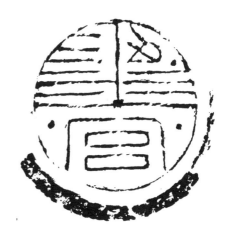

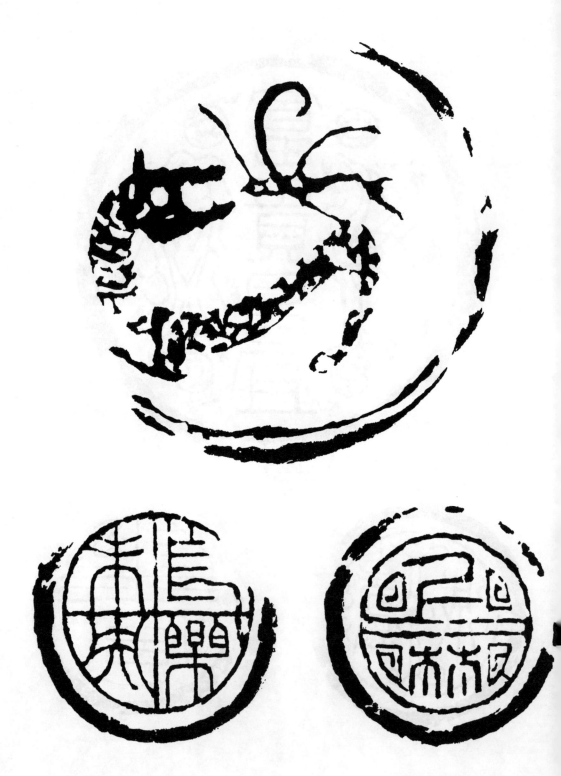

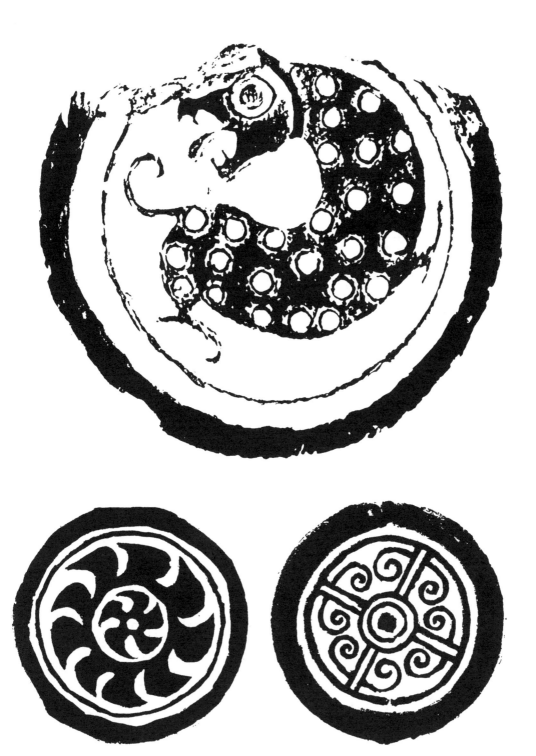

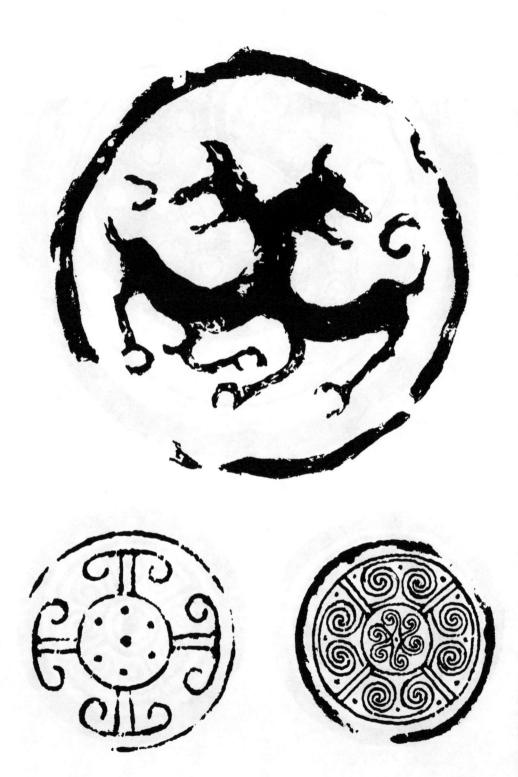

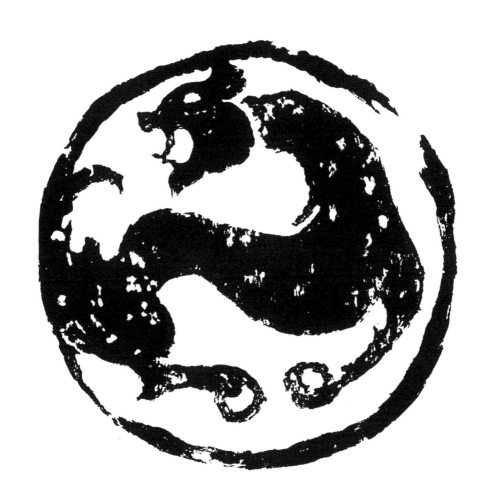

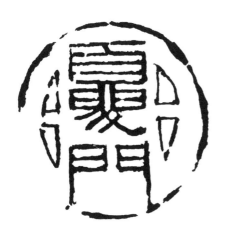

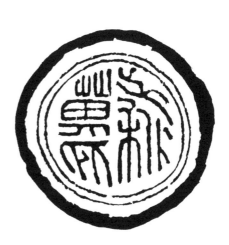

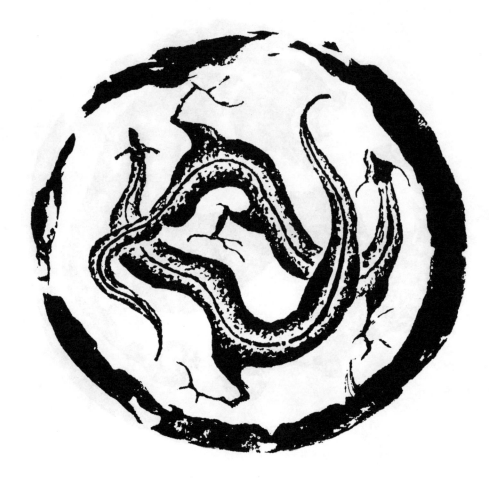

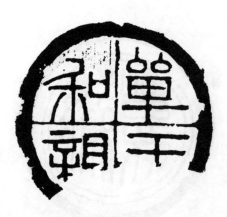

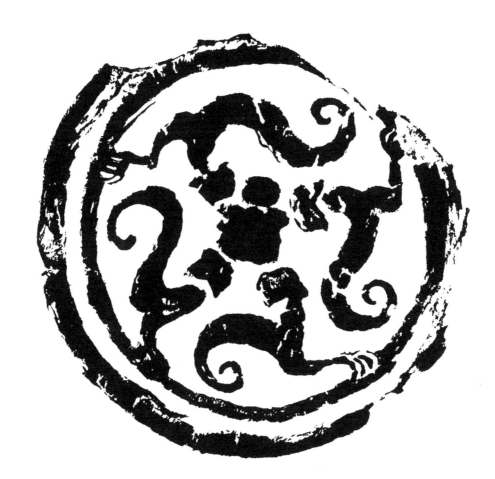

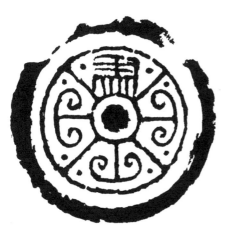

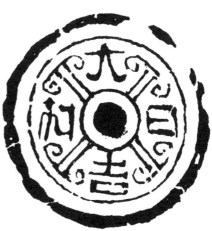

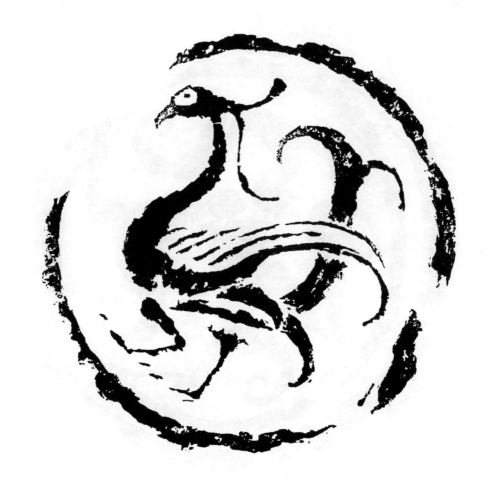

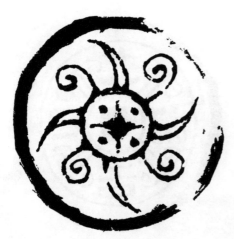

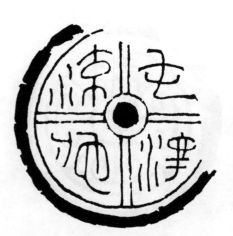

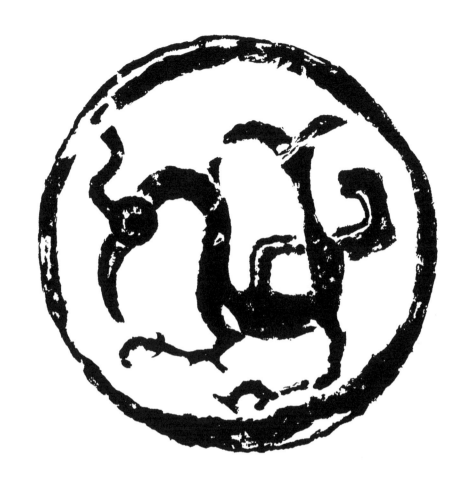

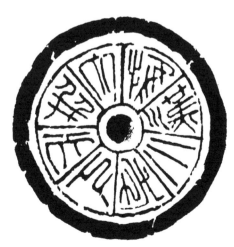

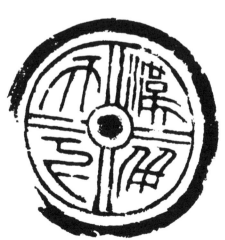

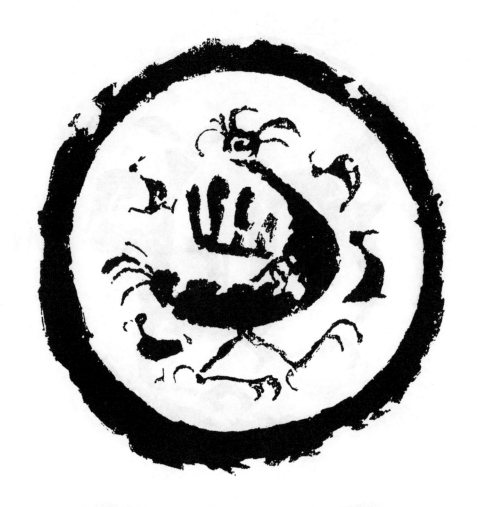

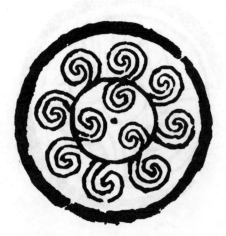

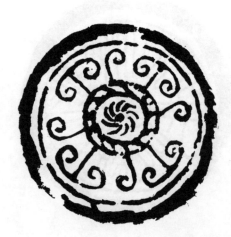

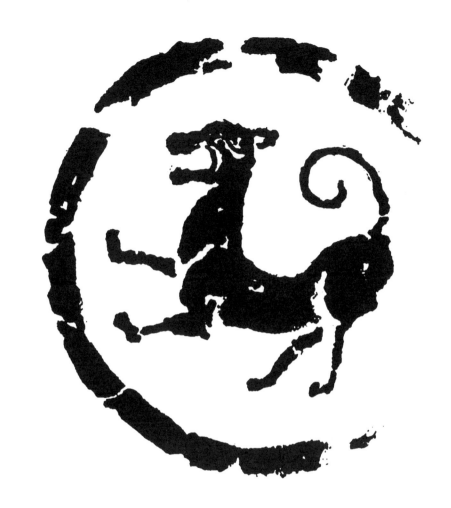

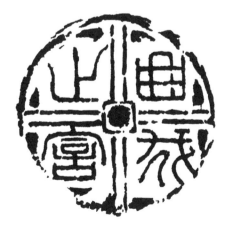

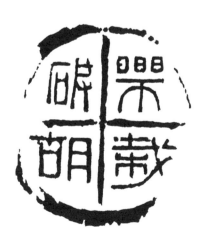

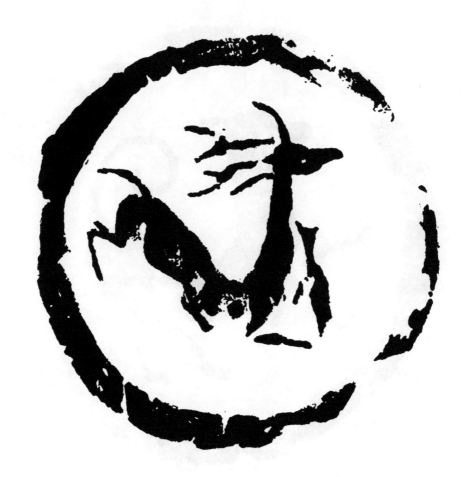

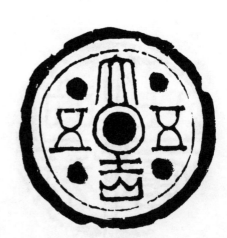

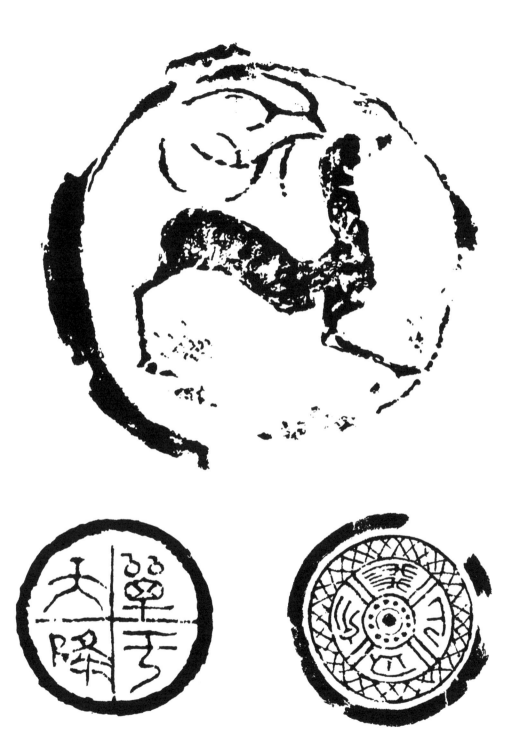

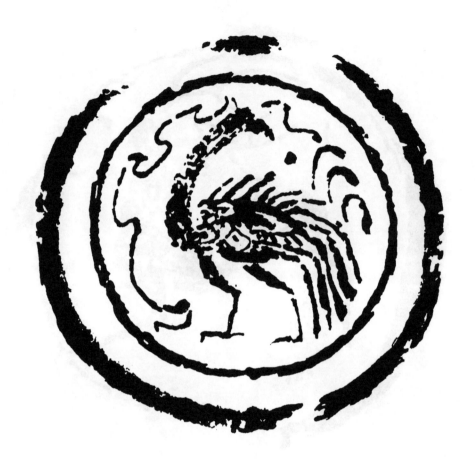

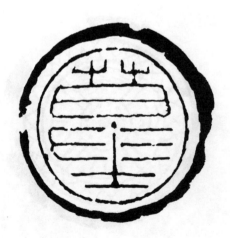

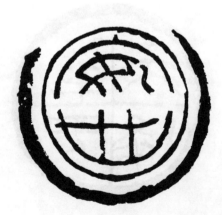

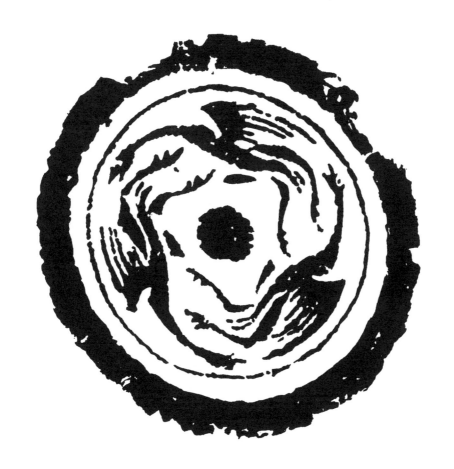

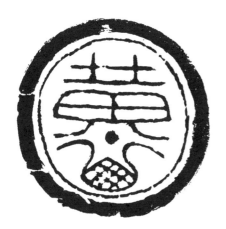

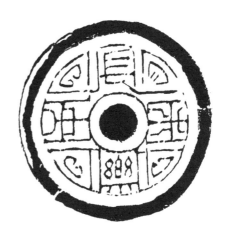

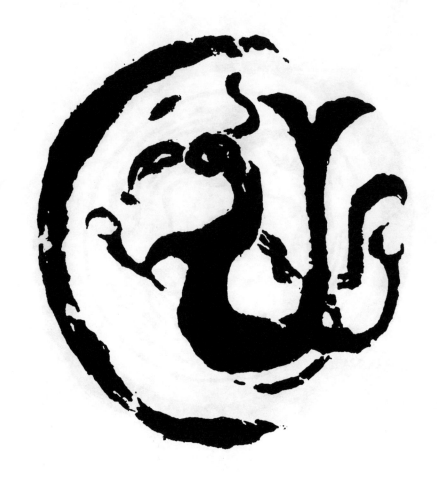

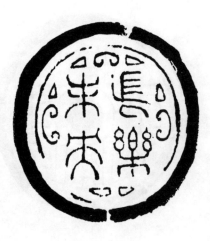

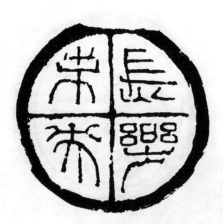

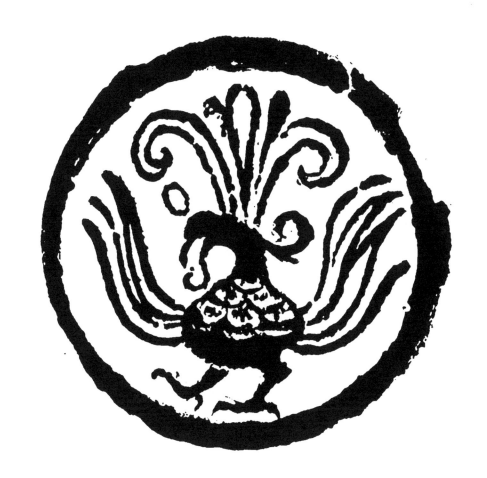

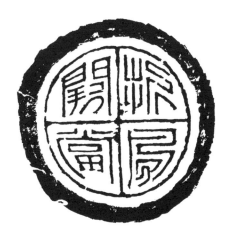

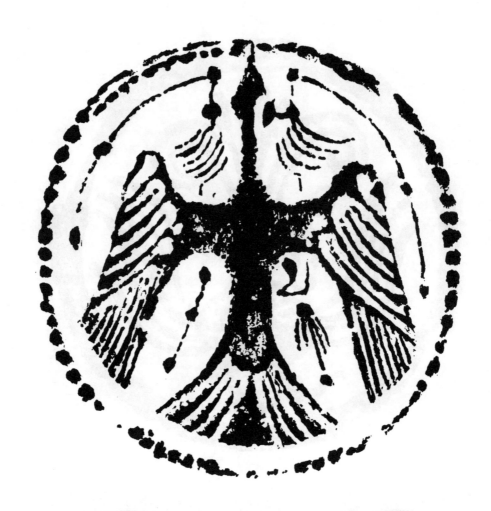

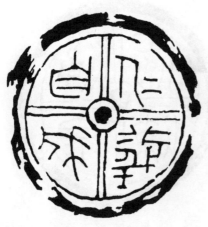

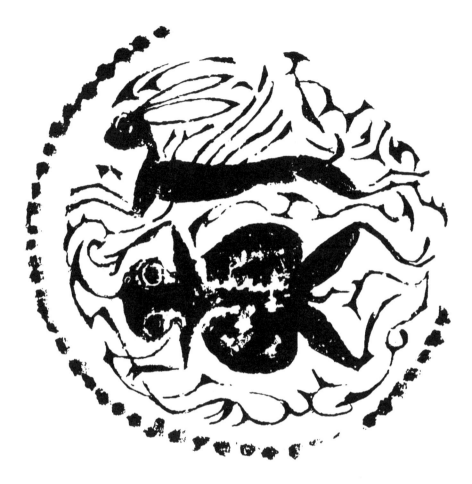

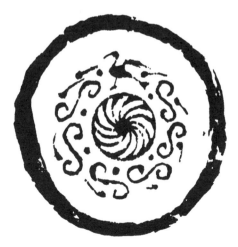

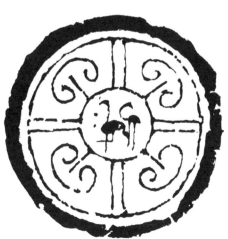

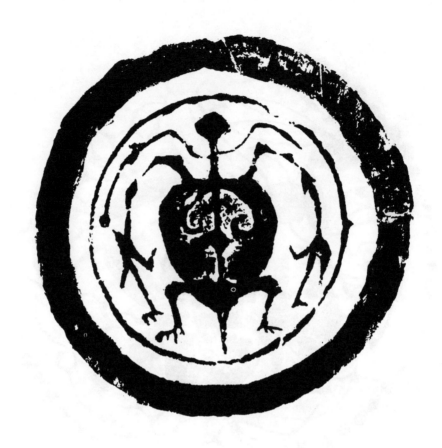

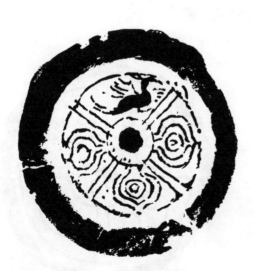

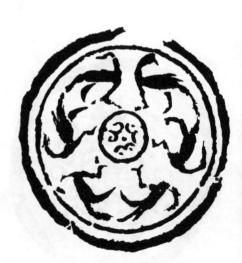

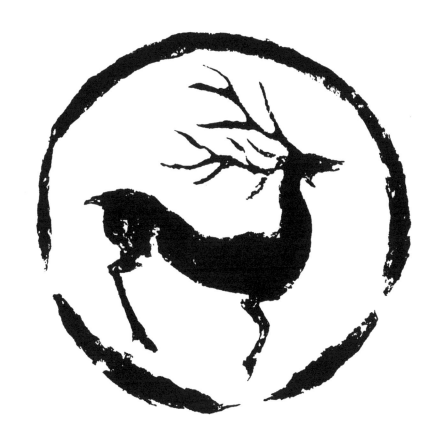

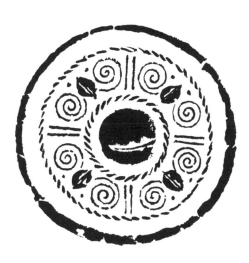

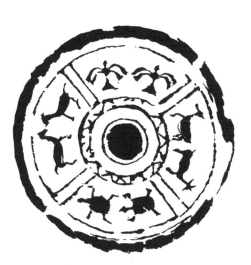

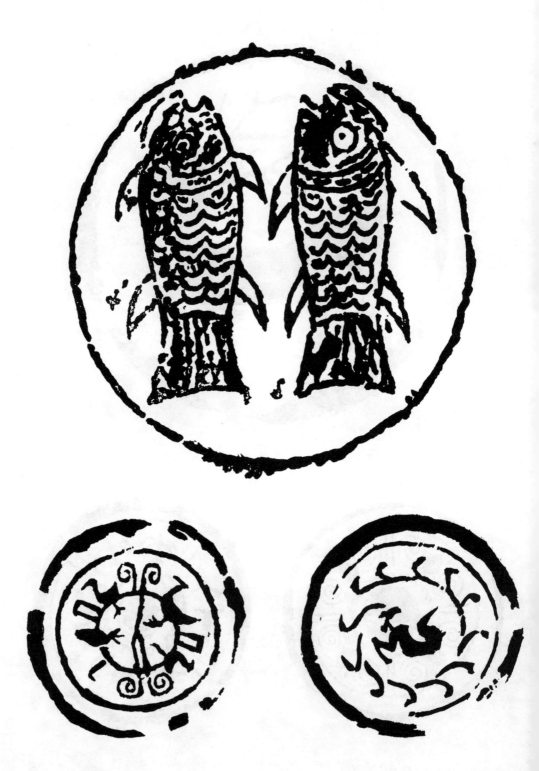

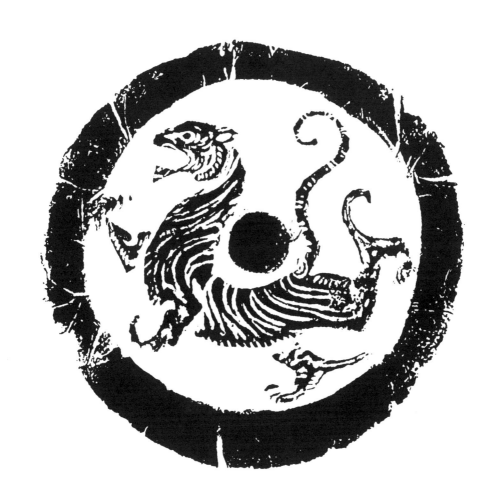

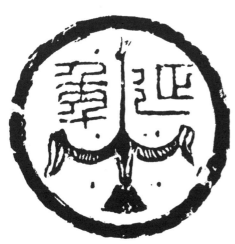

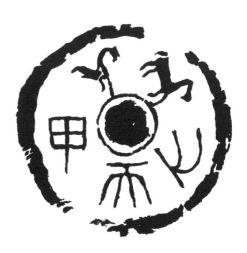

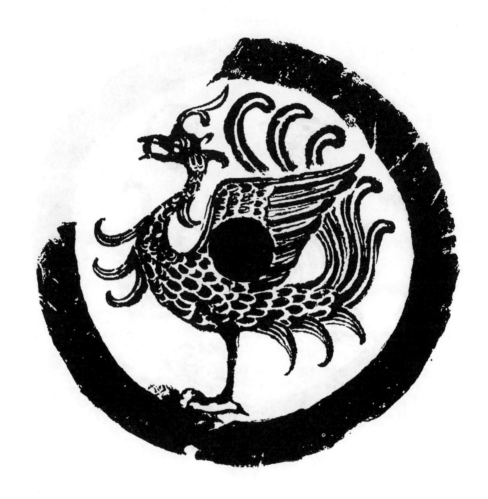

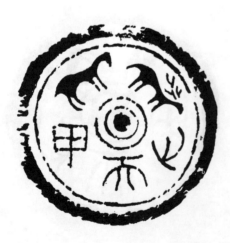

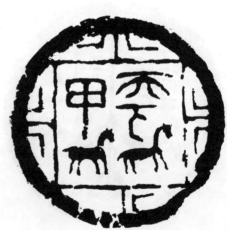

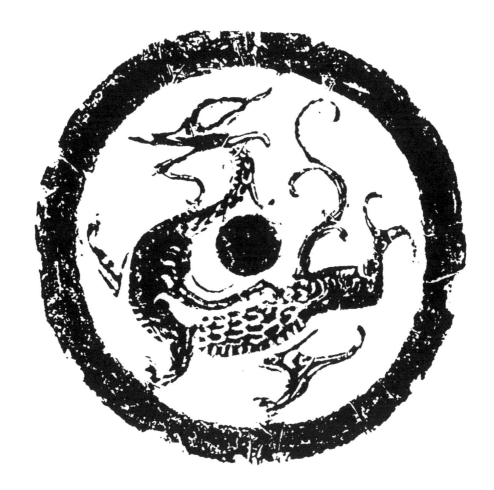

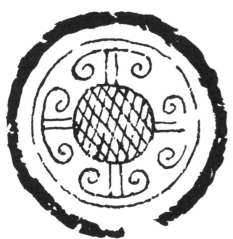

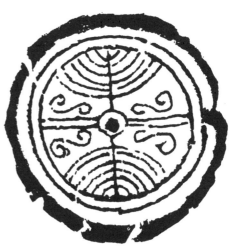

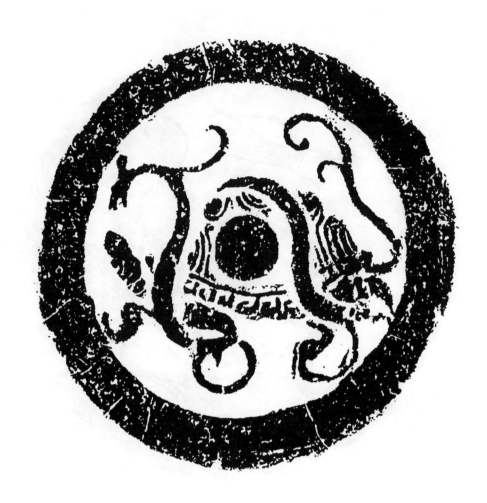

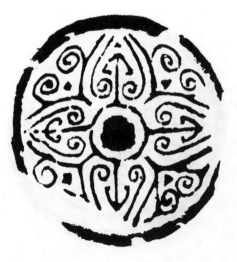

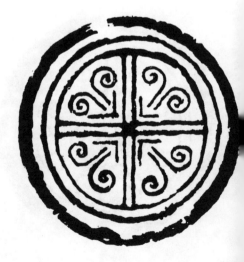

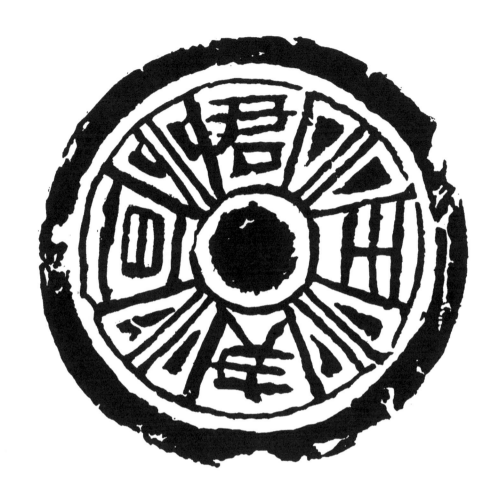

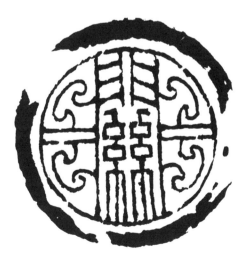

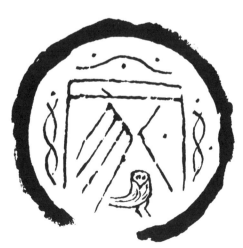

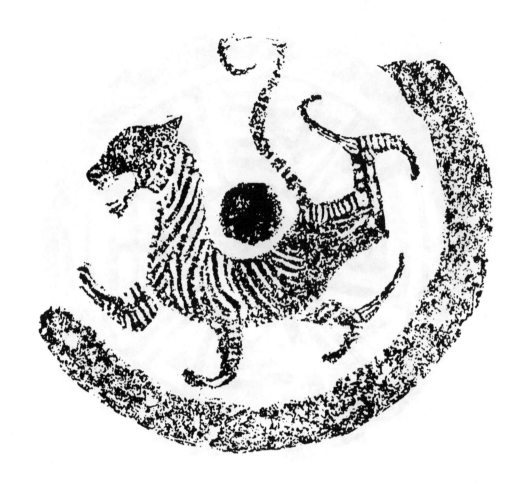

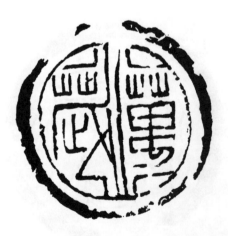

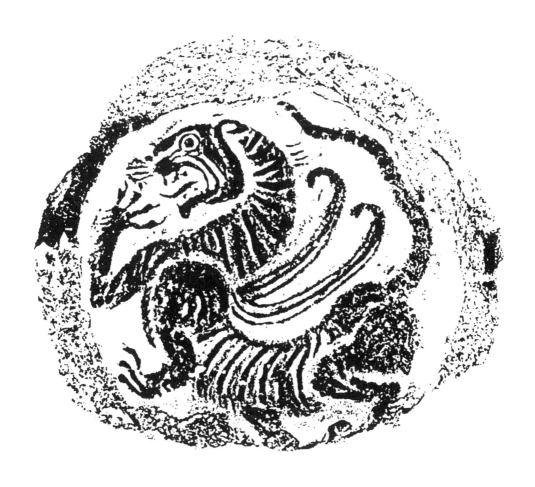

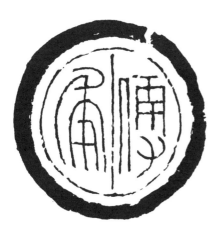

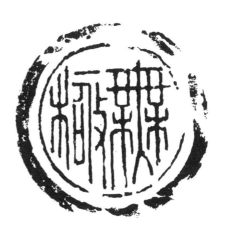

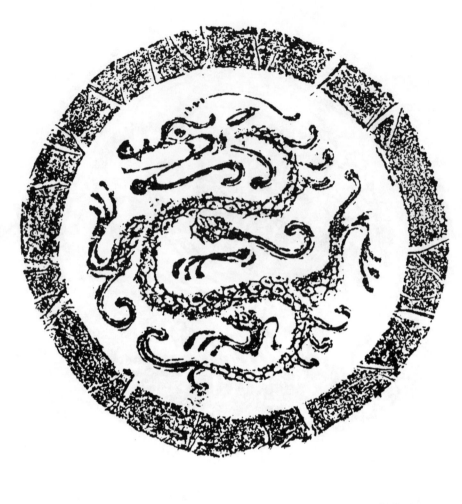

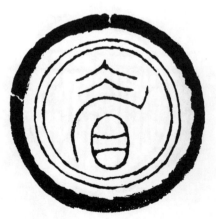

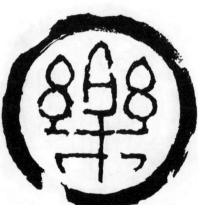

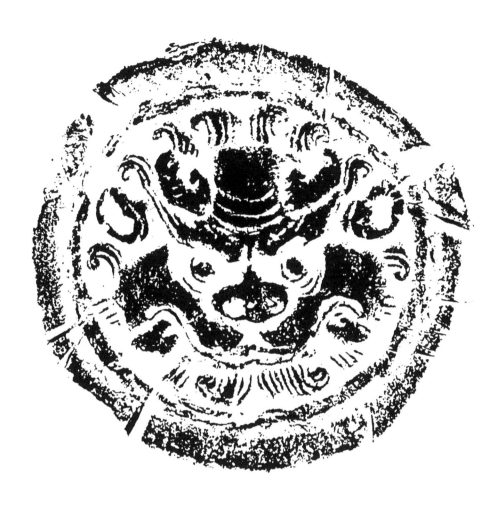

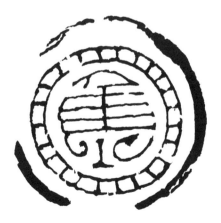

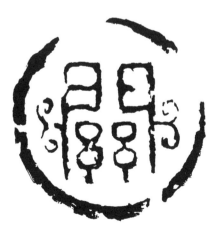

第二部分 汉画艺术

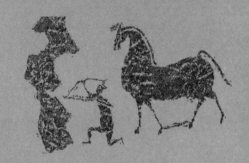

　　汉画是指汉代部分砖、石上的图像，这类砖、石是汉代建筑材料和建筑构件。因砖、石上普遍凿刻有图像、纹样和文字，又称画像砖和画像石，亦属于汉代雕塑艺术之一。同时，画像砖和画像石的造型语言和手法又充满了装饰性，因此它成为中国古代装饰艺术的重要组成部分。汉代艺术所充满的气势与古拙、运动与力量的浪漫风貌，在汉画艺术上得到了充分展现。

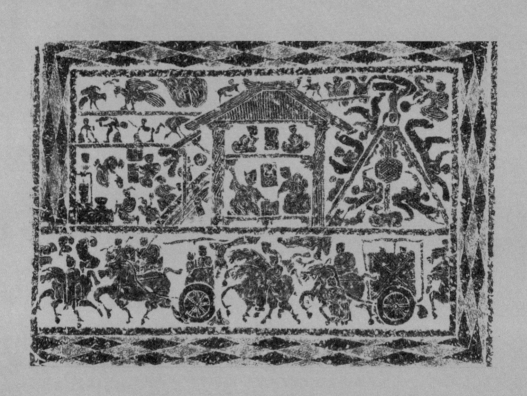

一、汉画艺术的出现与分布

砖作为建筑用陶，《中国考古学大辞典》认为其最早出现于战国时期。而考古发现表明，西周晚期已出现长方四乳钉薄形陶质地砖。[1] 进入春秋时期，陶砖上的纹样逐渐增多，出现了饕餮纹砖和蟠虺纹砖，它们属于春秋秦国雍城宫殿中的贴面砖。[2] 到战国时期，建筑陶制品得到迅猛发展，除铺地、贴面的条形砖和方形砖，开始制造铺设台阶与踏步的大型空心砖，并且空心砖亦逐渐运用到陵墓的修造之中。统一的秦朝，在建筑陶制品的生产规模与烧造技术方面也是一个标杆，所谓"秦砖汉瓦"就有对于秦代制砖技术的赞扬。考古表明，秦都咸阳宫殿使用了大量有纹样的陶砖，有绳纹砖、回纹砖、曲尺纹砖、菱形纹砖、方格砖、平行纹砖、太阳纹砖、花纹砖、龙纹砖以及凤纹砖。[3] 秦朝虽国祚短促，但对于后世影响深远，在制砖领域亦是如此。

西汉时期大型建筑普遍使用陶砖铺设或装饰，营造空心砖的墓穴亦十分盛行。到西汉中期因厚葬之风的影响，流行条砖砌盖墓壁以及墓室修造拱券结构之需，出现小型条砖和楔形砖。砖在民间广泛使用，始于东汉。东汉时期，民间已用砖料修造房屋和铺地，垒筑院墙，砌盖井壁和囷仓。同时，砖料仍然是营造墓穴的主要建筑材料。

两汉时期民间营造用砖以及有纹样的砖都算不上严格意义的画像砖，所谓"画像"是指砖体上应该承载一定题材内容的画面。砖作为建筑材料诞生较早，而画像砖却晚于画像石出现。画像砖盛行于东汉时期，一方面，东汉厚葬之风持续盛行，导致中小庄园主以及商人阶层纷纷选择往生之后采取厚葬。而画像石建造的墓穴成本高、周期长，已经无法满足更广泛的需求，

---

① 《扶风云塘发现西周砖》，《考古与文物》1980 年第 2 期。
② 凤翔县文化馆、陕西省文管会：《凤翔先秦宫殿试掘及其铜质建筑构件》，《考古》1976 年第 2 期；陕西省雍城考古队：《凤翔马家庄春秋秦一号建筑遗址第一次发掘简报》，《考古与文物》1982 年第 5 期。
③ 刘庆柱、陈国荣：《秦都咸阳第一号宫殿建筑遗址简报》，《文物》1976 年第 11 期；刘庆柱：《秦都咸阳第三号宫殿建筑遗址发掘简报》，《考古与文物》1980 年第 2 期。

亟需找到一种替代物。另一方面，砖的制造需要用到模具，通过模具在砖坯上压印出图像内容，可持续、大量地生产画像砖。画像砖的出现相对缓解了社会对画像石的需求。画像砖因受制烧造技术的限制，尺寸较画像石小许多，一般是平面浅浮雕砖，分阳纹和阴纹两种；彩绘砖属于另一种，在烧制好的砖体上涂抹一层白灰作底，用墨线勾勒外形，然后上色。这类彩绘画像砖主要出现在中国北方区域，在甘肃、山西、河南均有发现。中国南方以四川为代表，主要烧造平面浅浮雕砖，当地称为"花砖"[①]。

画像石出现于汉武帝之后，内容主要反映汉武帝以后两汉时期的主流思想。画像石出现的区域与两汉主流思想流行的区域相契合。另外，画像石以石灰岩为主要原材料。因此，画像石分布区域多为石灰石原料容易采集之地。《中国画像石全集》将中国画像石的分布划分为五个区域：一、山东至苏北、皖北及相邻省交界区域，以齐鲁地区、徐州、宿州为中心；二、豫南至鄂北区域，以南阳为中心；三、陕北与晋西北区域，以绥德为中心；四、四川与滇北区域，以四川盆地及重庆周边为中心；上述未涉及的区域统一划分到第五类，即其他区域。汉代画像石是依附于主体存在的客体装饰艺术，石祠堂、石阙、石棺、墓穴是画像石的主要载体。画像石多采用天然石料雕凿而成，尺寸普遍较大，部分甚至采用整块巨型石材雕凿出局部部件。画像石凿刻技法分为六种：阴线刻、凹面线刻、凸面线刻（减地平面线刻）、浅浮雕、高浮雕、透雕。凿刻内容包括：天象类、鬼神类、祥瑞类；帝王先贤、忠臣孝子、烈士贞女等历史故事类；表现墓主人身份的车马出行类；表现墓主人生前财富的农庄、田舍、作坊日常生活类。[②] 这些内容反映出汉代社会对天地万物、生死追求等的观念信仰。

二、汉画纹样分类与风格

汉画分画像石与画像砖两种形式。画像石是天然石材凿刻而成，纹样形式丰富多样。《中国画像石全集》按照画像石呈现内容分为六大类。细分的好处是，我们对于画像石的了解、认知更加清晰，但有些画面又很难具体归到哪一种类。因此，我们将画像石的纹样总体分为三类。一、天象、灵瑞鬼怪；二、人神共存的世界；三、人间生活。但由于画像石分布区域较广，不同区域的内容亦会有所差异，故我们将从画像石的四个主要分布区域分别描述。

---

①庞薰琹：《中国历代装饰画研究》，上海人民美术出版社，1982年，第19页。
②蒋英炬主编《中国画像石全集第一卷：山东画像石》，山东美术出版社，2000年，第5页。

（一）山东至苏北、皖北及邻省交界区域的画像石

山东是中国现存汉代画像石最多的省份，全省一半以上县市均发现了汉画像石的遗存。其中，嘉祥县紫云山武氏祠画像石[①]（图1）、沂南汉墓画像石（图2）以及肥城孝堂山画像石（图6）具有代表性。山东画像石主要以现实生活和历史故事为题材，武氏祠中的"荆轲刺秦王"（图1）最具代表性。其他的车马出行（图2）、战争（图3）、屋舍（图4）、庖厨（图5）等内容，较全面地反映了汉代社会生活的面貌。也有天象、灵瑞鬼怪等内容（图6），但不是主体。神话人物是常见的画像题材（图7）。造型风格具象写实，甚至在灵瑞鬼怪的表现上都充满了现实性（图8）。《中国画像石全集》称之为"现实主义风格"是恰当的。特别是武梁祠中的画像石，以整块石料表现历史故事或现实场景，采用了分层分格的构图形式（图9），如欣赏连环画一般清晰明确，增强了画面内容的真实感，进一步突显了武梁祠画像石的现实主义风格。画像石的凿刻风格基本一致，主要采用线刻。这应该是造成山东画像

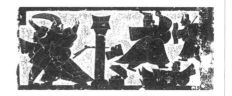

图1 武氏祠荆轲刺秦王画像石

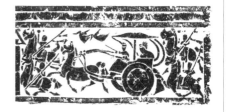

图2 沂南汉墓车马出行画像石

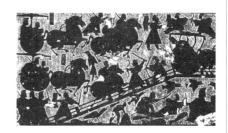

图3 武氏祠战争画像石

[①] "武梁祠画像石"和"武氏祠画像石"属于不同的概念，因为"武梁祠画像石"只是"武氏祠画像石"中的一部分。庞薰琹：《中国历代装饰画研究》，上海人民美术出版社，1982年，第8页。另，据蒋英炬、吴文祺对于"嘉祥武氏祠"的记述，武氏祠是指东汉武氏家族墓地上的石刻建筑群。根据武氏石阙铭和碑文记载，武氏家族的成员有：母，四子武始公、武梁、武景兴、武开明以及武梁的三个儿子一个孙子，武开明的两个儿子。据此，武氏祠是包括武梁祠及武氏家族墓地石刻建筑群总称。本书在描述中为了以示区别，相关资料明确指出属于武梁祠画像部分仍采用"武梁祠"，其他则采用"武氏祠"称谓。参见蒋英炬、吴文祺：《山东的画像石艺术——概述山东汉代石阙、祠堂、墓室的代表性画像》，蒋英炬主编《中国画像石全集第一卷：山东画像石》，山东美术出版社，2000年，第38-40页。

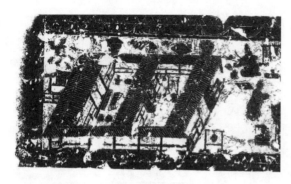

图 4 沂南汉墓屋舍画像石

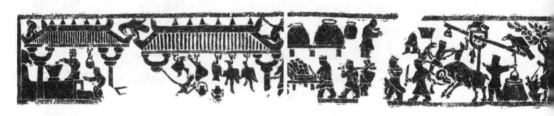

图 5 临沂吴白庄汉画像石墓庖厨画像石

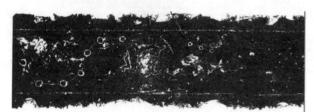

图 6 肥城孝堂山石祠天象画像石

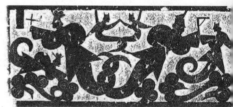

图 7 武氏祠伏羲女娲画像石

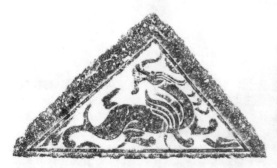

图 8 山东曲阜翼龙画像石

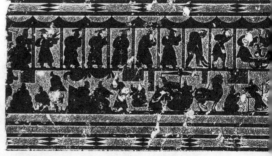

图 9 武梁祠画像石分格分层的构图形式

石风格细腻的主要因素。线刻又分为阴线刻、减地平面线刻。亦有浅浮雕形式的画像石，但明显没有线刻画像石精彩。它们介乎于细腻与粗犷之间，但缺乏较鲜明的个性（图10）。

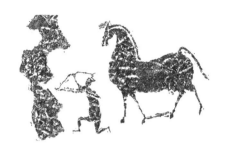

图 10 肥城北大留村浅浮雕形式画像石

总体上，山东画像石的纹样以反映现实生活和历史故事为主，造型具象而写实，且风格细腻。山东画像石风格的形成，有两点因素值得关注：一、以现实生活和历史故事为题材，这与山东的历史文化相关。山东画像石最繁盛的区域在鲁中、鲁南地区，也是齐鲁文化的核心地带。而以荀子为主导的稷下学宫，关注现实、明道救世的务实精神不仅对后世影响深远，同时对于山东画像石的题材内容产生了较大影响。另外，汉代当时的社会风尚也有一定影响。二、呈

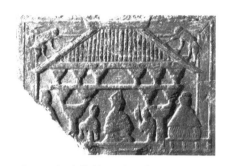

图 11 徐州茅村拜谒画像石

现以线刻为主的细腻风格，这应该与当地石材的质地密切相关。鲁中南区域属于泰山山脉的周围，而泰山石料结构细密，较适合采用细腻的线刻手法。而现实生活和历史故事题材唯有细腻才能反映出真实。在历史文化积淀、社会需求、材料和技术的共同作用下产生了山东画像石的风格与风貌。同时应该看到，技术与材料对于装饰艺术风格的塑造起到了重要影响。

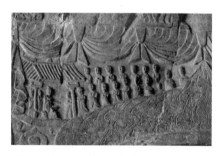

图 12 龙门石窟石刻壁画

苏北、皖北画像石分别以徐州和宿州为中心。此处画像石受山东画像石风格影响，表现题材也类似，雕刻技法以浅浮雕为主，减地平面线刻明显减少，阴线刻亦较少。细腻程度不如山东画像石，或与石料不同有关。苏北、皖北区域的画像石（图11），从石质到手法与

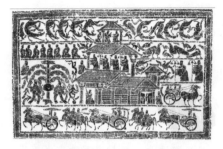

图 13　睢宁县蔂山建筑百戏出行画像石

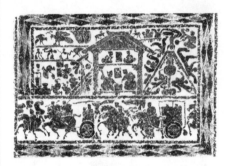

图 14　徐州茅村建筑百戏出行画像石
（单幢二层）

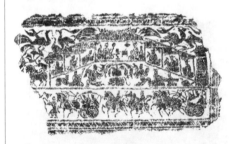

图 15　宿州灵壁县建筑百戏出行画像
石（单幢二层）

龙门石窟的壁画（图 12）有近似之处。从地缘上看，其与山东画像石之间存在关联，表现内容也与山东画像石的题材几乎相同，以具象写实的手法反映现实生活为主，几乎不见历史故事题材，灵瑞鬼怪多见于门楣、廊柱等偏僻之处。较有代表性的是，以整块石料凿刻融合各种现实生活场景的画像石（图 13）。[①]此类画像石亦采用分层构图法，与山东画像石饱满绵密、内容繁多之风相似，亦明显带有程式化的风格。

目前，发现三种程式：

一、以一幢建筑为中心，画面分上下二层构图。（图 14-15）

二、两幢建筑分列左右，画面二层及多层构图。（图 16-18）

三、单幢建筑桥型布局，不分层构图。（图 19-20）

除此之外，还有其他形式的构图。（图 21）这类构图虽脱离了上述程式，但画面中的建筑、动物、人物造型还是一脉相承。总体上，此区域的画像石人物造型趋于平淡，但亦不乏精彩之作。（图 22）

画像石风格程式化是需求激增的必然结果，如明朝晚期，道德类书籍插图图像出现的模块化构图，是获利原则与大众需求共同影响的结果，[②]据此推断，东汉时期因厚葬成风导致需求激增，而

①信立祥主编《中国画像石全集第四卷：江苏、安徽、浙江汉画像石》，山东美术出版社，河南美术出版社，2000 年。其"苏、皖、浙地区汉画像石综述"提到一种"祠主受祭图"，但图例中并不见此图，借鉴"综述"描述或为此类图。
②田威：《晚明文本插图研究》，博士学位论文，华中师范大学历史文化学院，2014 年。

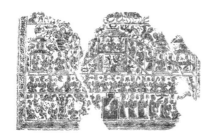 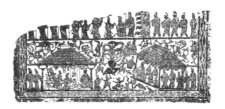

图 16 徐州宴饮纺织画像石（两幢多层） 图 17 徐州铜山纺织画像石（两幢二层）

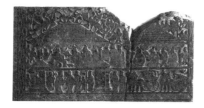 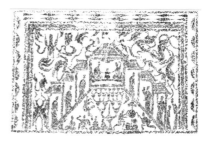

图 18 徐州铜山迎宾宴饮画像石
（两幢二层）

图 19 徐州铜山建筑百戏画像石
（单幢不分层）

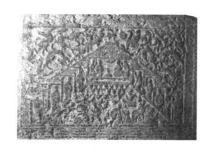

图 20 徐州铜山建筑宴饮画像石（单
幢不分层）

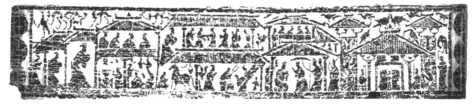

图 21 徐州茅村建筑人物画像石（多幢不分层）

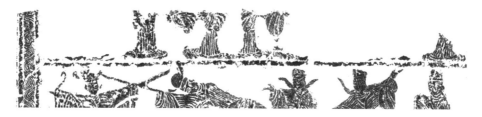

图 22 宿州百戏人物画像石（局部）

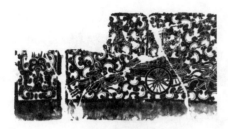

图 23 密县打虎亭戏车画像石

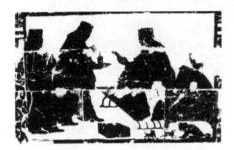

图 24 密具打虎亭人物画像石

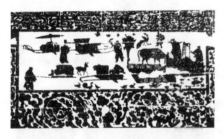

图 25 密具打虎亭车架画像石

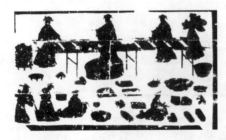

图 26 密具打虎亭庖厨画像石

出现程式化作风的画像石。因此，艺术风格形成受外界影响的因素较多，特别是在与日常生活密切相关的装饰艺术领域。画工对于装饰风格的形成起到的作用，有时并不能居于主导。

（二）豫南至鄂北区域的画像石

以南阳为中心，附近的唐河与密县均有画像石，唐河画像石凿刻方式与南阳的相似，密县则采用减低平面线刻法。唐河与密县画像石主要以现实生活为题材，风格具象写实。其中，密县打虎亭画像石非常突出，采取减地平面线刻法使得画面异常细腻。从保存相对完好部分的细节处可以想见当年之辉煌（图23），与武梁祠相比有过之而无不及。人物比例精准，武梁祠的写实中略带装饰性，而打虎亭则属于完全写实风格。构图放弃分层形式，采取整幅表现题材内容，视觉上更具画面感。可惜的是，密县打虎亭画像石磨损较为严重，已难现昔日之风采（图24-27）。而南阳画像石不仅题材内容发生了变化，多描绘灵瑞神兽，其风格亦完全不同（图28-30）。南阳画像石的风格非常形象地诠释了汉代艺术的气势之美，造型简练概括，不拘泥于细节，却充满着浪漫奇幻的基调，粗粝古拙中更渗透着不可撼动的力量与气势。南阳画像石的浪漫与粗犷或许继承了楚人神秘的色彩，亦传达出南阳帝乡作为东西南北交通枢纽与工商业者辈出之地的丰饶与活力。

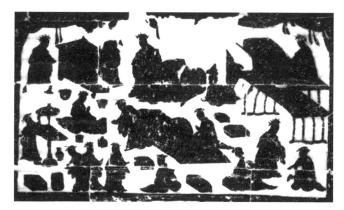

图 27　密具打虎亭侍女劳作画像石

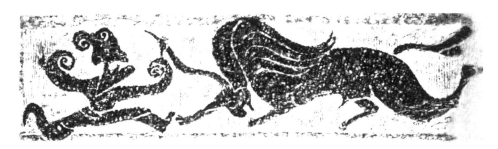

图 28　南阳象人斗车画像石

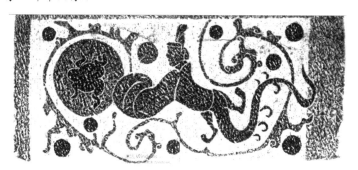

图 29　南阳嫦娥奔月画像石

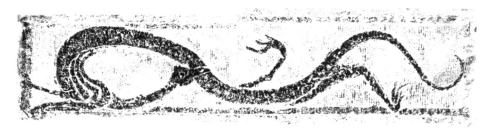

图 30　南阳鸟头蛇身兽画像石

（三）陕北与晋西北区域画像石

此区域画像石全部采用减地平面线刻法，但更多是采用减地凿刻出平面形态，不再用线刻勾勒细部，手法具象写实，呈现强烈的版画视觉效果。题材有人物车马（图31）、动物（图32）、现实生活（图33）以及人神共存（图34-35）等。人物题材不再表现历史故事或事件，而是成为门楣上的二方连续纹样（图32）。同时，汉代漆器、织绣上常见的云纹，在此处画像石上大量出现。截至目前，此区域发现的画像石以云纹最多（图36）。陕北画像石虽采用了减地平面线刻法，细腻程度和造型装饰性介于武氏祠和打虎亭画像石二者之间，其部分内容与苏北、皖北画像石中融合各种现实生活场景的画像石相似（图37-38）。

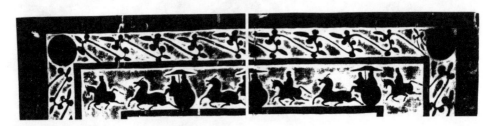

图31 米脂党家沟墓人物车马画像石

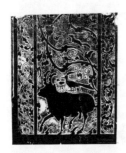

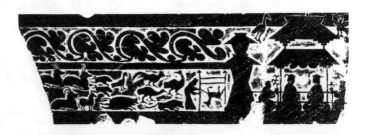

图32 米脂墓门动物画像石　图33 绥德墓生活场景画像石

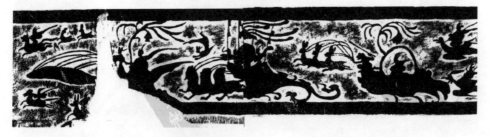

图34 绥德延家岔墓人神出行画像石

图 35 绥德墓人神图景画像石

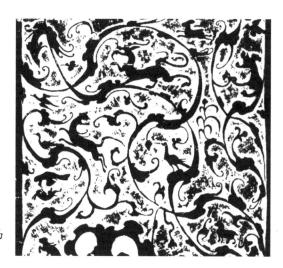

图 36 绥德延家岔墓鸟
兽云纹画像石（局部）

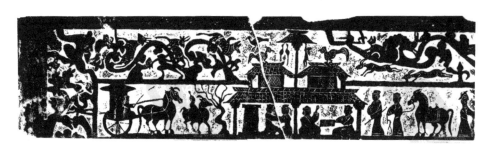

图 37 绥德固子沟墓建筑人物画像石

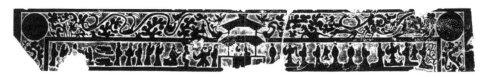

图 38 绥德墓建筑人物画像石

（四）四川与滇北区域画像石

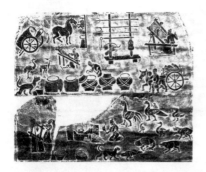

图 39 成都曾家包汉墓酿酒画像石

总体上，四川地区的画像石风格相较于上述三个区域略显庞杂。题材上，以表现现实生活为主，手法写实而具象，精彩之作偏少，灵瑞鬼怪亦不多见。四川画像石的艺术成就虽不及画像砖，但并非没有精品，有些减地平面线刻的画像石至今依然光彩照人。（图39-41）。

汉代画像石艺术，虽存在区域的差异，但是总体特征还是趋于一致。题材上，以现实生活和人神共存为主基调，基本符合两汉时期人们好生永存的主导思想。风格上，无论细腻之风还是粗犷之气都表现出汉代特有的古拙之美和浪漫之情。手法上，以刀代笔凿石象物，铿锵有力。逐渐形成两种手法，一是产生细腻之风的减地平面线刻法（包括阴线刻），二是开创汉代古拙、气势、力量之美的浮雕法。发表于二十世纪三十年代的《南阳汉画石刻之历史的及风格的考察》一文，指出汉画石刻大致分为以山东孝堂山、武氏祠为代表的"拟绘画的"和以河南南阳为代表的"拟

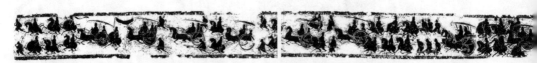

图 40 成都羊子山汉墓车马出行画像石

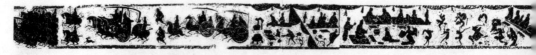

图 41 成都羊子山汉墓宴乐出行画像石

浮雕的"两大类。① 此评价基本符合事实，亦较准确。

画像砖是烧制而成的带有各种图像内容的陶砖。画像砖盛行于东汉，四川画像砖最为出名，除四川之外，陕西、江苏、江西、湖北、云南等地均有烧制，如湖北出土的"百戏图"（图42）、"宾主拜谒图"（图43），陕西出土的"乐戏图"（图44）。上述两地发现的画像砖与四川的艺术风格较为接近，但艺术性远不如四川画像砖。而其他区域的算不上严格意义的画像砖，属于带纹样的墓穴用砖。所谓"画像"，应该包括题材内容，两汉以后"画像"的意涵逐渐演变成"纹样"，如湖北出土的南北朝时期的画像砖"吹笙飞天图"（图45）、"青龙图"（图46）、"朱雀图"（图47）以及"涡纹图"（图48），不带任何题材内容，仅呈现出具有装饰意味的纹样。唐宋元时期的墓砖形式基本采用纹样砖，只是不同的历史时期纹样有所不同，使用纹样砖的趋势并没有发生改变。到明清两代，墓穴中这类纹样砖亦不多见。因此，汉代墓穴的用砖，学界也称汉砖，汉砖包括四种形式：画像砖、彩绘画像砖、纹样砖、文字砖。

四川画像砖类似减地平面线刻的画像石，细腻精致，以具象写实的手法，再现了富饶的四川盆地。四川盆地开发较早，秦统一之前已设置蜀郡经营四川。李冰父子修建都江堰致使成都平原沃野千里，盐铁之利、桑蚕之盛，促使四川成为富庶之地。厚葬之风盛行，导致画像石、画像砖盛行。同时，

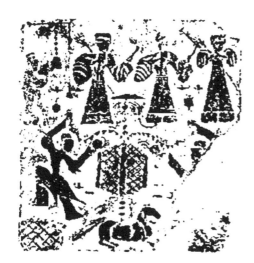

图 42 枝江姚家港百戏石像砖

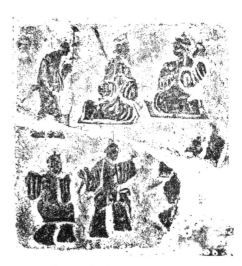

图 43 枝江姚家港宾主拜谒画像砖

①蒋英炬主编《中国画像石全集第一卷：山东画像石》，山东美术出版社，2000年，第31页。

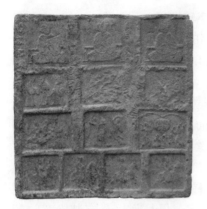

图 44 陕西乐戏图

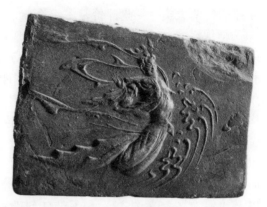

图 45 湖北谷城吹笙飞天画像砖

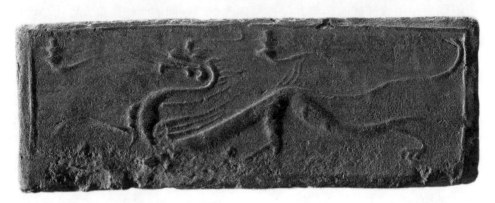

图 46 湖北青龙画像砖

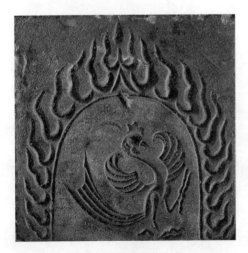

图 47 湖北谷城肖家营墓朱雀画像砖

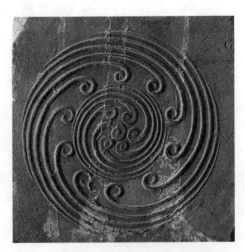

图 48 湖北谷城肖家营墓涡纹画像砖

在题材上亦是以现实生活为基础，表现现实的美好与富庶，如"盐井图"（图49）、"采桑图"、"弋射收获图"（图50）等。

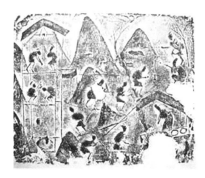

图49 邛崃花牌坊盐井画像砖

彩绘画像砖主要出现在北方区域。它是在烧制好的陶砖上涂抹一层白灰作底，再施以墨线勾勒轮廓，然后用白、朱红、石黄、石绿、赭石、浅石绿、浅赭石等上色。画面多以人物为主，手法粗犷、流利，描绘生动，有着浓厚的民间趣味（图51）。

纹样砖各地都有发现，主要以几何纹样为主，其中菱形纹和车轮纹居多（图52），有少量的动物纹、车马纹等，风格粗粝（图53）。随着厚葬之风的衰退，画像砖和画像石逐渐隐退，纹样砖逐渐成为后世营造墓穴的主要用砖。

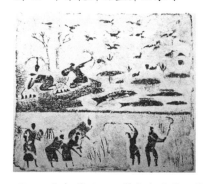

图50 成都羊子山汉墓弋射收获画像砖

文字砖最早出现在战国晚期的关中地区，东汉逐步由关中扩大到中原和江南地区。文字砖在全国各地均有发现。文字砖最早用于建筑物，东汉以后逐渐运用到墓葬中。文字主要是通过模印或刻写在砖上，西汉时期砖上的文字主要

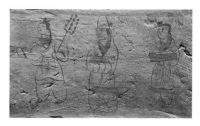

图51 甘肃嘉峪关魏晋墓人物彩绘画像砖

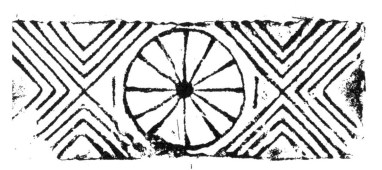

图52 菱形纹和车轮纹砖（出土地点不明）

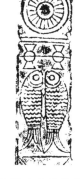

图53 台州双鱼纹画像砖

图 54 西汉未央宫"长乐未央，子孙益昌"砖

图 55 "海内皆臣，岁登成熟，道毋饥人"砖（出土地点不明）

是年月日、干支记时或姓名，东汉开始流行刻写"宜子孙"一类的吉语。[①]"长乐未央，子孙益昌"（图 54），"海内皆臣，岁登成熟，道毋饥人"（图 55）等都属于文字砖上出现的吉语。文字作为纹样，在汉代漆器、织绣、汉砖上屡屡使用，值得研究。文字在器物、物件上使用，一般表达吉祥祈福之意，但应该不限于此。直至清代，民间一直保留敬惜字纸和建造惜字塔等风俗，这确实与汉代装饰艺术中频繁使用文字有关。文字诞生于巫术占卜盛行的蒙昧时期，因此从诞生起就具有神秘性和神圣性。平势隆郎认为，战国时期文字已成为文书行政的工具和支持官吏制度的工具。[②]或许汉代文字砖对文字的频繁运用部分是基于恭敬和神圣的原则。

三、汉画人神共存的图像

汉画是为告慰亡者的灵魂而诞生，却客观记录下两汉时期社会生活的风貌。但是，在汉画的世界里，所描绘的又是人神共存的图景，产生这一图像的因素与两汉时期社会、思想的发展存在密切的关联。前辈学者对此多有论述，在此不再赘言。

对于汉画中人神共存的图像，李泽厚先生曾谈及："这不正是一个琳琅满目的世界么？从幻想的神话中仙人们的

①王镛、李森：《中国古代砖文》，知识出版社，1990 年，第 11 页。
②［日］平势隆郎：《讲谈社：中国的历史 02——从城市国家到中华：殷周 春秋战国》，广西师范大学出版社，2014 年，第 34-35 页。

世界，到现实人间的贵族们的享乐观赏的世界，到社会下层的劳动者艰苦耕作的世界。……这不正是一个马驰牛走、鸟飞鱼跃、狮奔虎啸、凤舞龙潜、人神杂陈、百物交错，一个极为丰富、饱满、充满着非凡活力和旺盛生命而异常热闹的世界么？"[①] 如此丰富多彩的世界，是汉画独有的呈现形式所赋予的景象。山东嘉祥紫云山武梁祠画像分东、西、后壁三块，其中，东、西两壁画像石颇具代表性，东、西两壁画像均是整块石料凿刻而成。均是被分为五层，算上三层起间隔作用的纹样层，共计八层。最顶层三角形构图题材是西王母与灵禽瑞兽；纹样层间隔出第二层并分成小格绘制帝王图；第三层表现忠孝节义的历史故事；纹样层间出第四层仍然是表现忠孝节义的历史故事；第五层是车马出行图；最底部是纹样层（图56）。武梁祠画像表现人神共存图像的基本模式，随着画像石的大小，凿刻年代以及区域又有所不同，但总体结构基本维持分层构图。

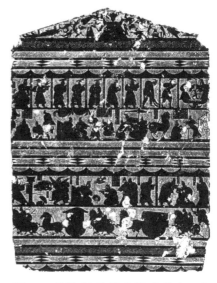

图56　武梁祠西壁画像（约东汉桓帝元嘉元年）

　　同为武梁祠后壁的形式就有所不同。因位置不同尺寸缩小，主题内容分为四层。上两层依然是表现忠孝节义的历史故事，下两层出现了现实生活中拜谒、车马出行等场景。最大的变化是西王母和灵禽瑞兽没有了，取而代之是馆舍旁的扶桑树和后羿（图57）。与此类似的

①李泽厚：《美的历程》，生活·读书·新知三联书店，2009年，第80页。

在武氏祠前石室后壁小龛后壁中有一块（图58）。但是又不完全相同，此
块被分成了两层，上层宽，下层窄。宽的右边是两层馆舍，一楼在拜谒，二
楼是西王母及众神的欢愉。馆舍两旁分立汉阙，阙顶站立着神仙亦包括后羿，
灵禽瑞兽在屋顶歇息或遨游天空。左边是一棵大大的扶桑树。下层为车马出
行图。另外，在武氏祠左石室后壁小龛后壁还有一块相类似的（图59）。
与上述武氏祠两块画像相近似的，在嘉祥县满硐乡宋山发现有两块（图60-
61）。嘉祥县出现的这一程式化的作风，到苏北与皖北的画像石上转变成为
另一种程式化，但总体格局上依然使用了分层，但不是采用刻板直线分割，
而是通过建筑布局，辅以较灵活的斜线划分出不同的区域，如拜谒、娱乐、
庖厨、车马等。题材内容发生了明显变化，反映的现实生活场景更丰富。画
面中，几乎不见扶桑树，馆舍成为画面中心。馆舍中一般是男女对坐，似乎
是世俗化的西王母与东王公，但有学者认为是葬在墓中的夫妇的像。但是，
从世俗化的西王母与东王公的面相解读，似乎更符合汉人思想观念中的神
界——一个人神共存的世界。

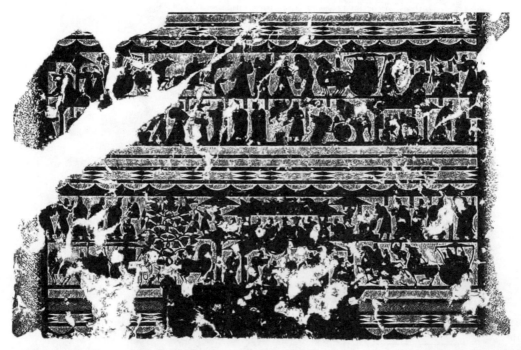

图57 武梁祠后壁画像之扶桑树画像（约东汉桓帝元嘉元年）

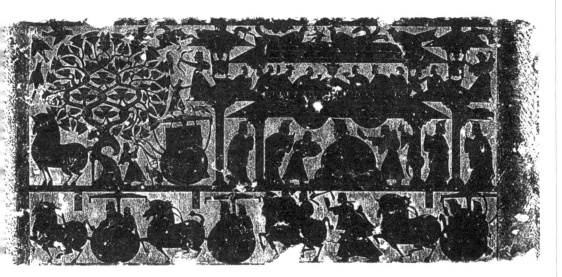

图 58　武氏祠前石室后壁小龛后壁之扶桑树画像（约东汉灵帝建宁元年）

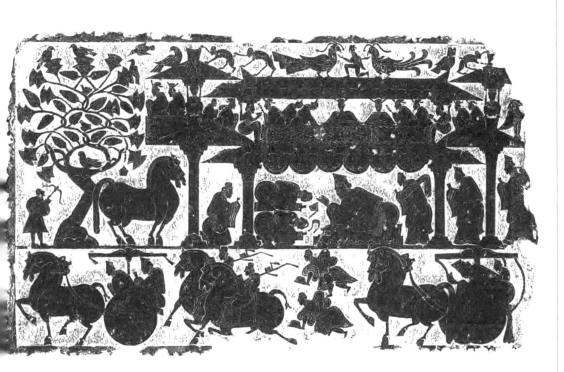

图 59　武氏祠左石室后壁小龛后壁之扶桑树画像（约东汉灵帝建宁元年）

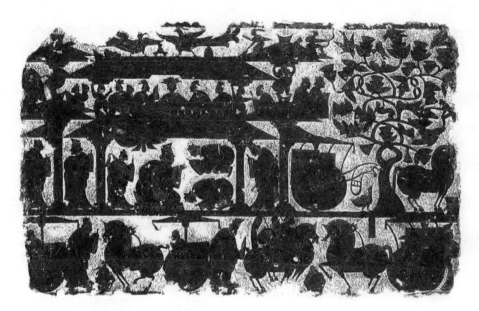

图 60 宋山扶桑树画像（约东汉末年）

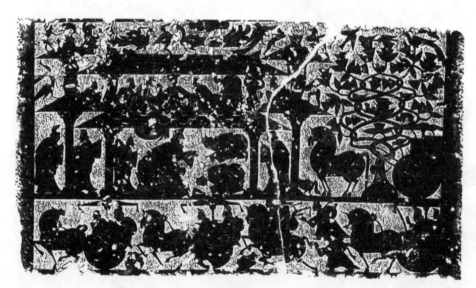

图 61 宋山小石祠后壁之扶桑树画像（约东汉末年）

画像石中人神共存的图像，充分反映汉代的神仙观念不仅存在于想象中，也客观地通过艺术的手法表现出来，并与人们保持着复杂而直接的联系。而程式化形式的出现，说明了人神联系的普遍性，以及趋同的想象与艺术表现。而内容上的差异化显然是源自不同的需求。武氏祠是服务于武氏一门官宦之家①的政治需求，因此无论是题材还是构图都表现出严谨有序的特点。而苏北、皖北的画像石应该是服务于地方豪强个人所需，表现出充满人间的欢愉。诚如李泽厚先生所言，人们要到天上去参与和分享神的快乐。②但他们并不知神界是怎样的世界，于是将现实想象成神界，细致认真地刻画现实中的所有场景，这既是对于现实社会保持热情与肯定，也是期望往生之后依然享有人间的欢乐。东汉后期更多现实生活场景的出现，实质是借人神的欢愉歌颂现实社会的美好。汉画艺术作为汉代特有的装饰艺术，它不仅装饰出汉人往生的世界，而且刻画了两汉时期的繁荣。

毋庸置疑，装饰性是汉画艺术之灵魂。庞薰琹先生曾言："武氏祠画像石在装饰艺术上，做出了极重要的贡献，它明确表现出，装饰画与普通绘画不同。"③虽然庞先生是针对武氏祠而言，但汉画艺术的确表现出与普通绘画的不同。同时，汉画艺术对两汉时期生活广泛而细致的记录，使得其他领域的学者亦将目光投向这一领域。

---

①庞薰琹：《中国历代装饰画研究》，上海人民美术出版社，1982年，第8页。
②李泽厚：《美的历程》，生活·读书·新知三联书店，2009年，第76页。
③庞薰琹：《中国历代装饰画研究》，上海人民美术出版社，1982年，第9页。

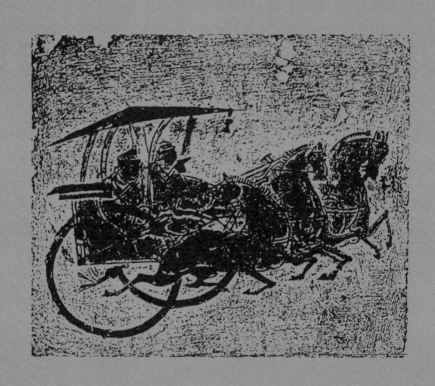

汉画艺术装饰图样

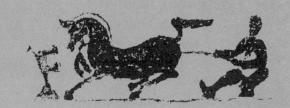

　　汉画是两汉艺术的杰出代表，其分布广泛，内容庞杂而丰富。这里辑录的汉画图样主要来源于两汉时期的画像石和画像砖。其中，画像石主要分布于四个较大区域。山东至苏北、皖北及相邻省交界区域，以齐鲁地区、徐州、宿州为中心；豫南至鄂北区域，以南阳为中心；陕北与晋西北区域，以绥德为中心；四川与滇北区域，以四川盆地及重庆周边为中心。画像砖在陕西、江苏、江西、湖北、云南等地均有烧制，四川最具代表性。

　　图样内容以主题性画像内容为主，如荆轲刺秦王、泗水取鼎、宾主拜谒图、劳作图、乐戏图、宴请图、盐井图、采桑图、弋射收获图、战争图等，还有一些为人物、动物、灵瑞图等。另外，又还有部分纹样砖和文字砖。

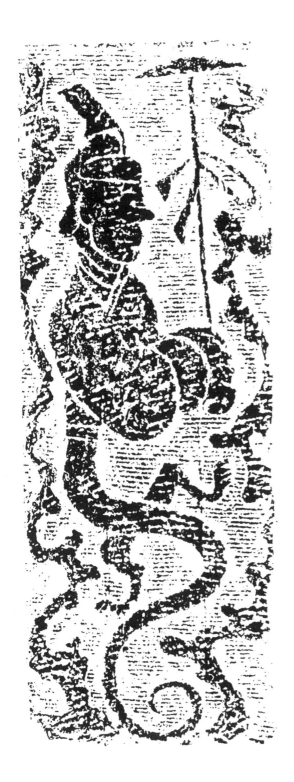
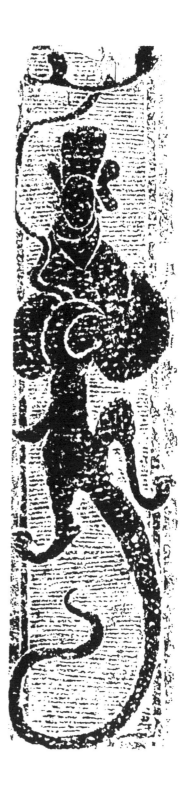

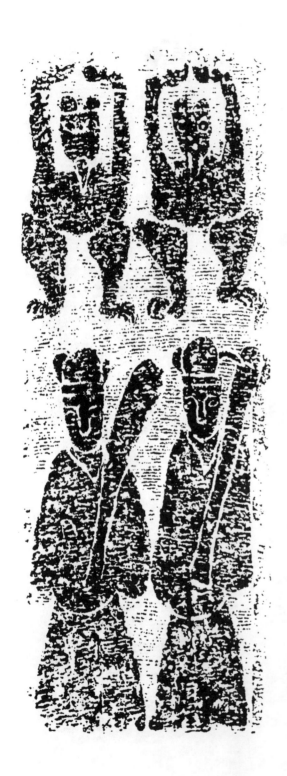
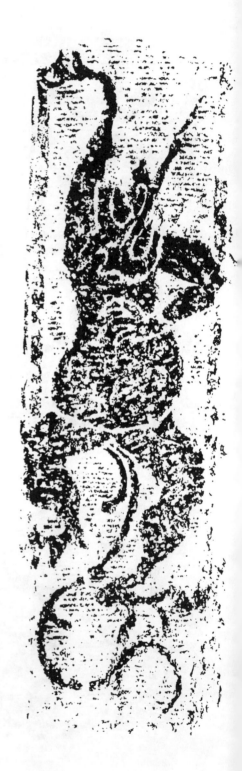

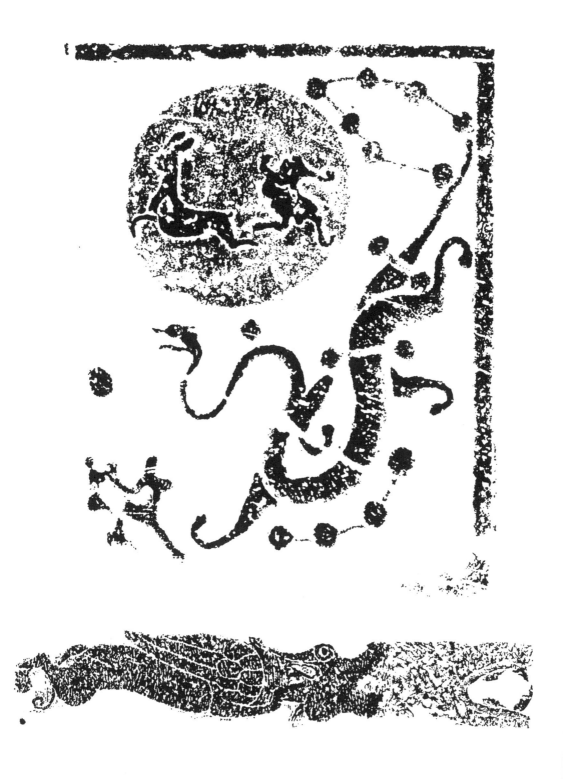

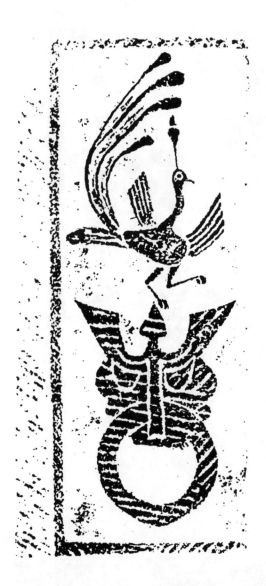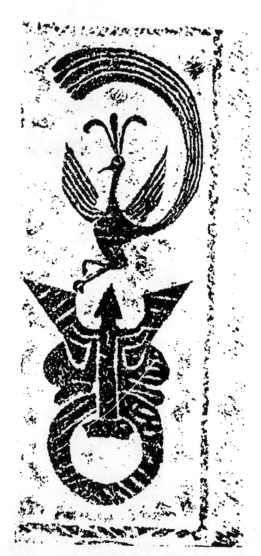

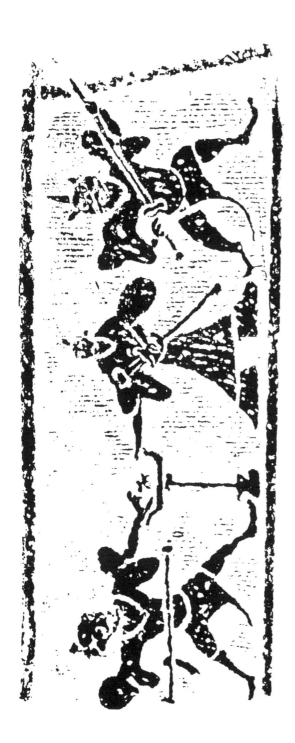

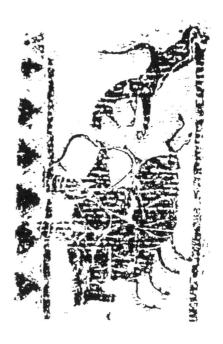

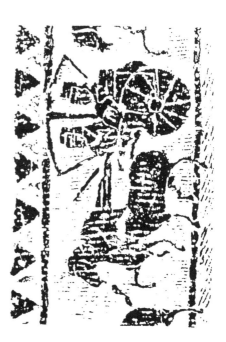

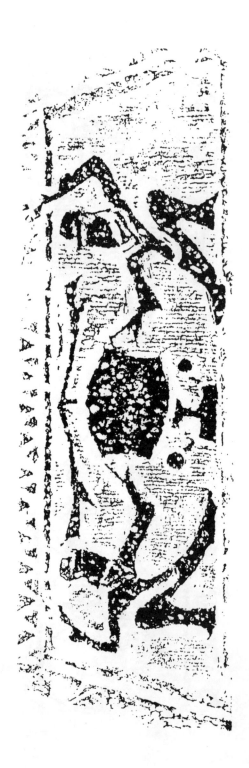
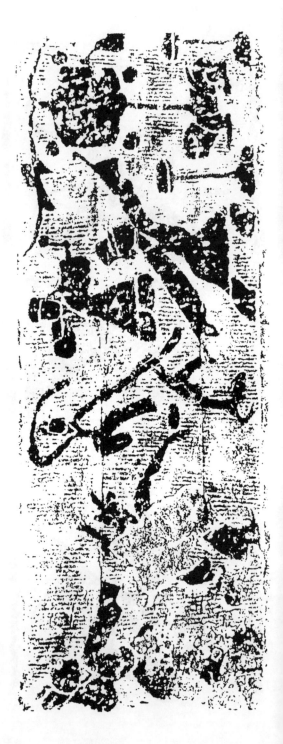

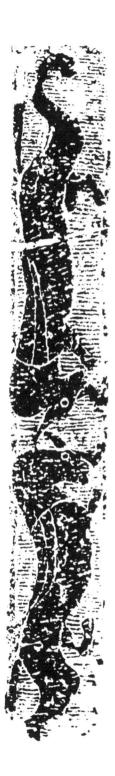
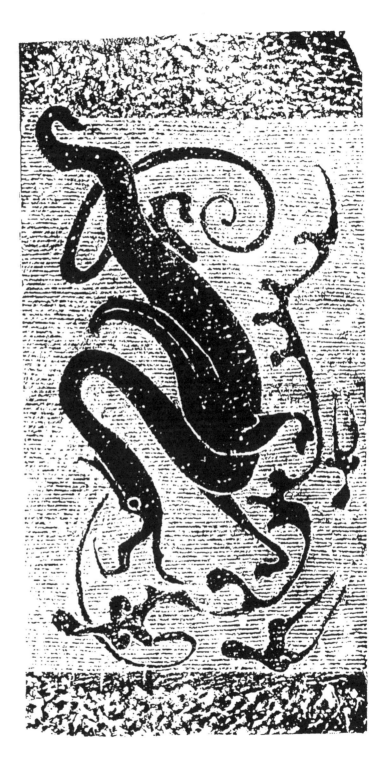

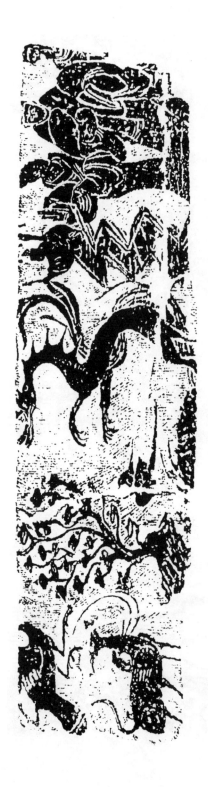
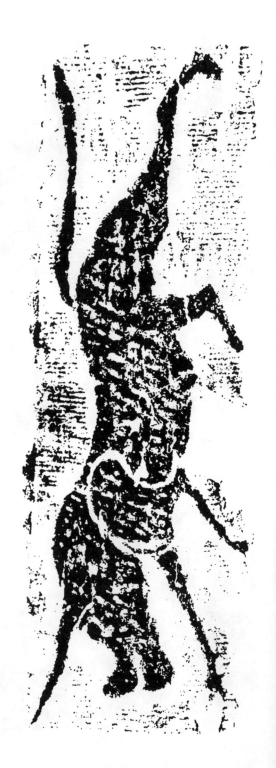

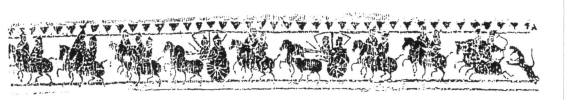

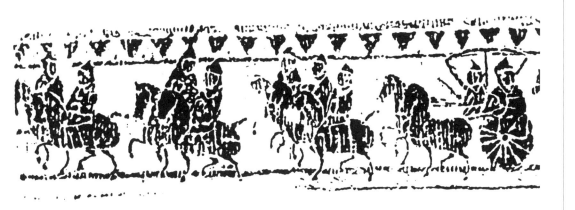

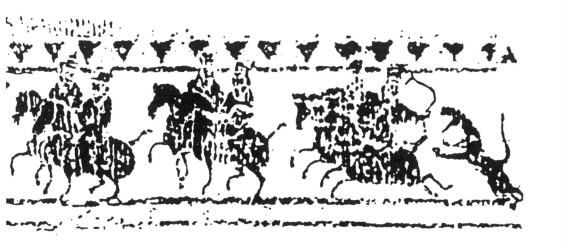

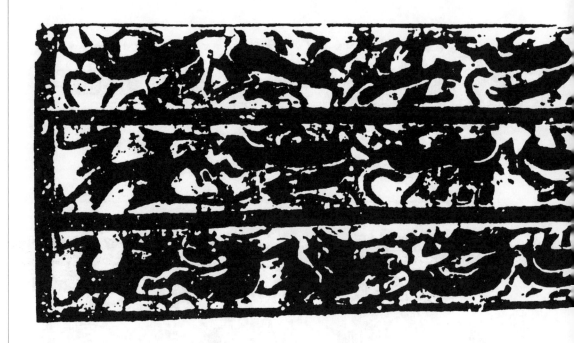

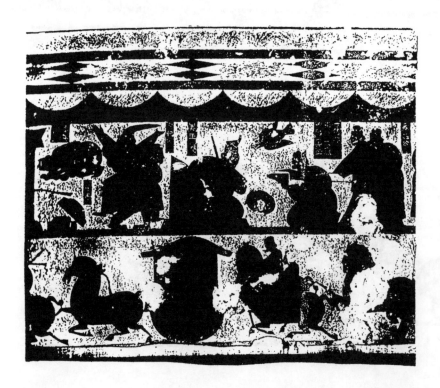

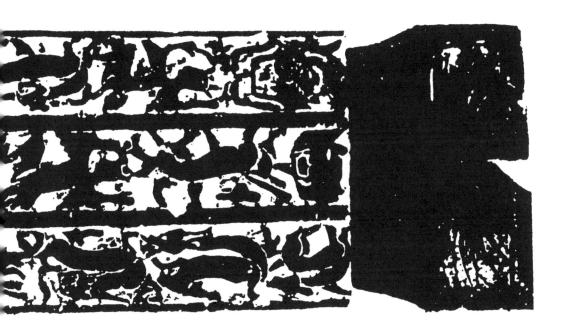

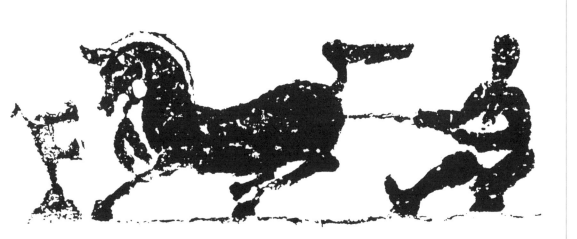

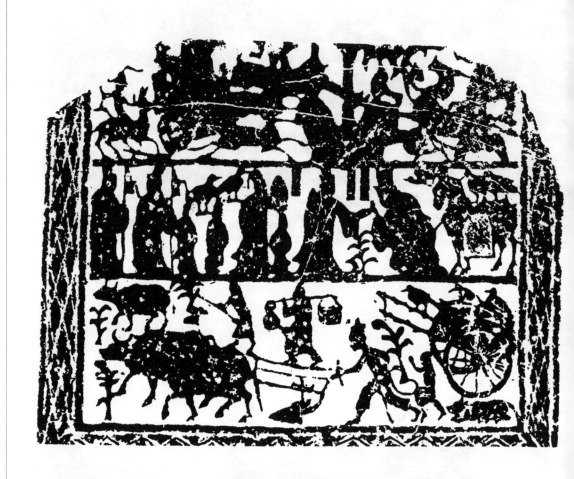

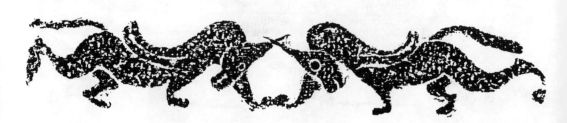

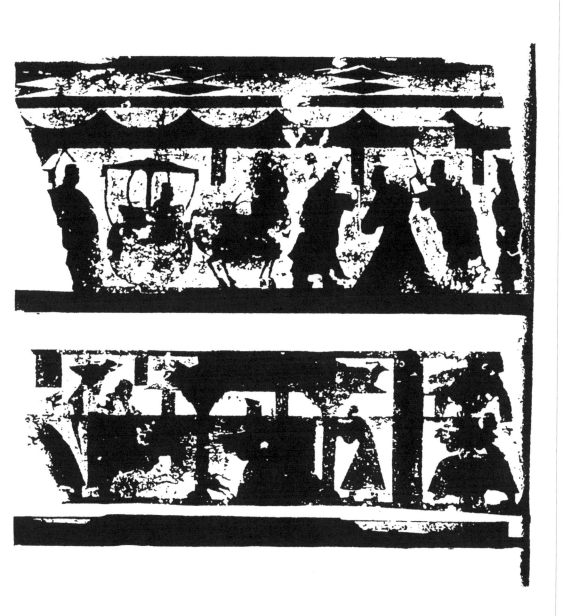

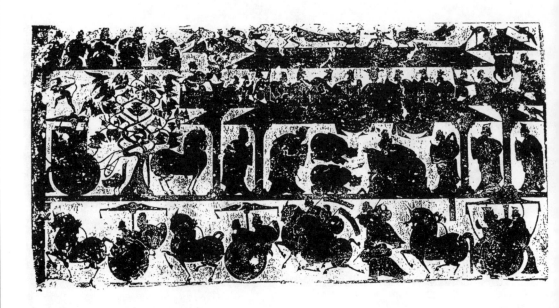

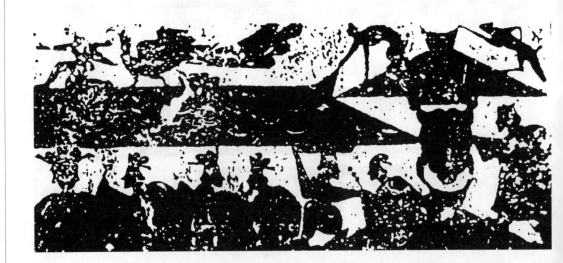

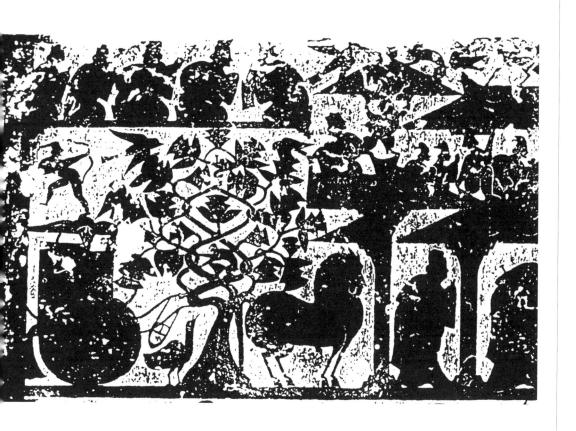

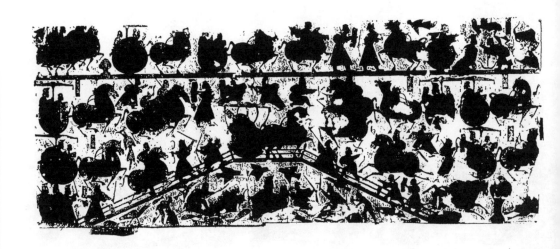

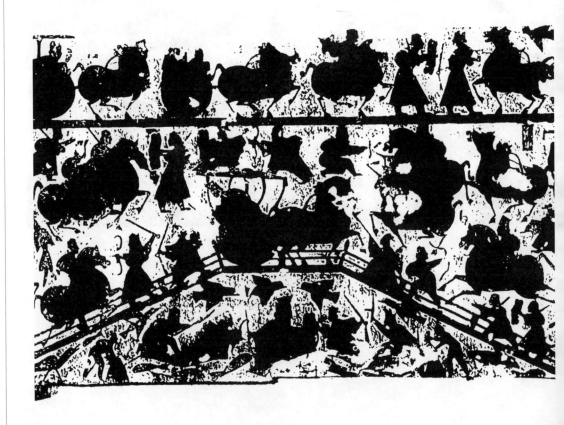

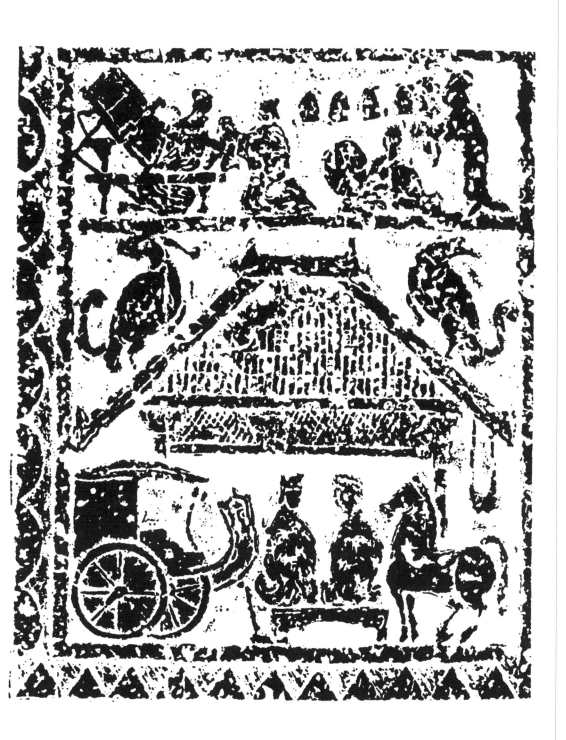

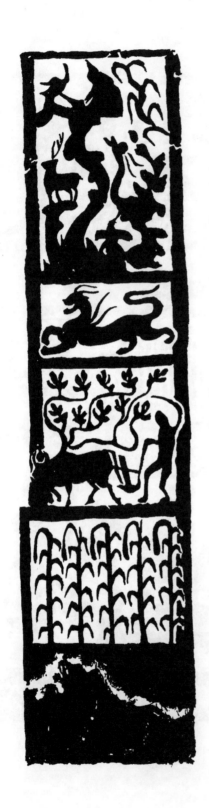
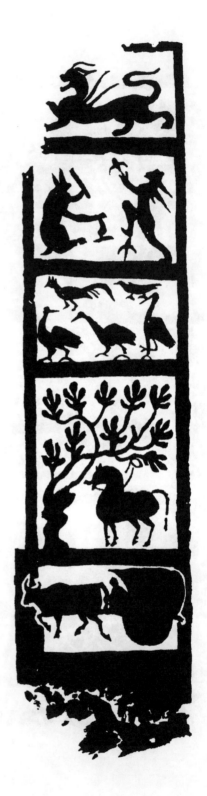

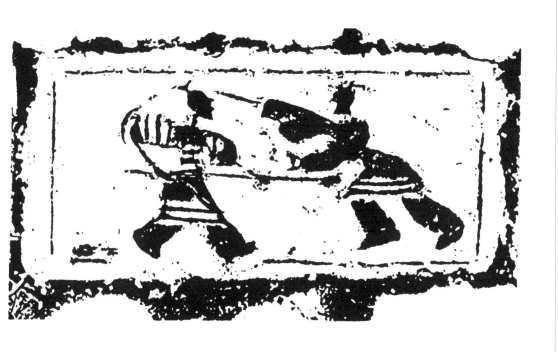

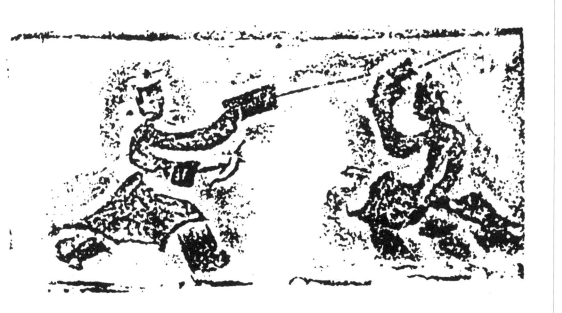

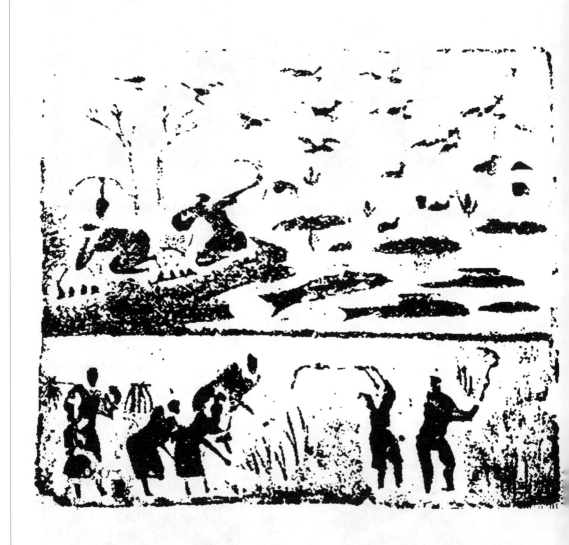

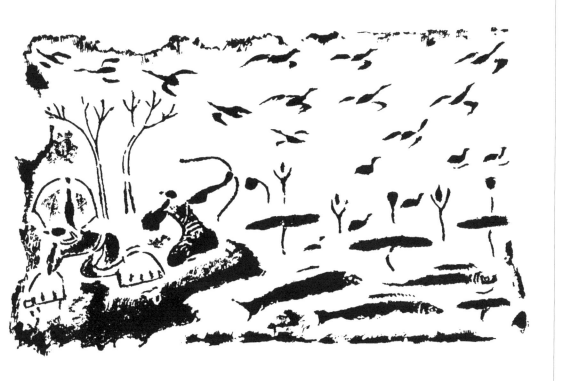

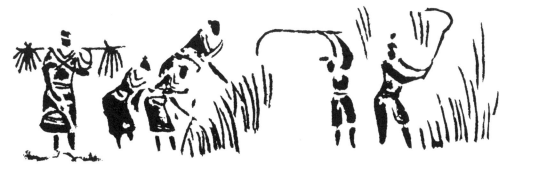

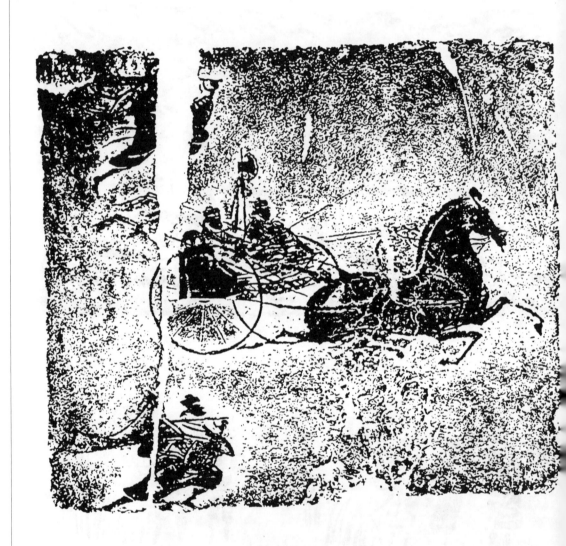

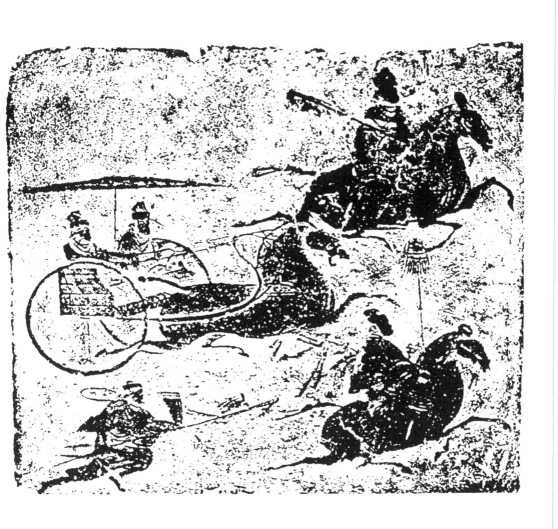

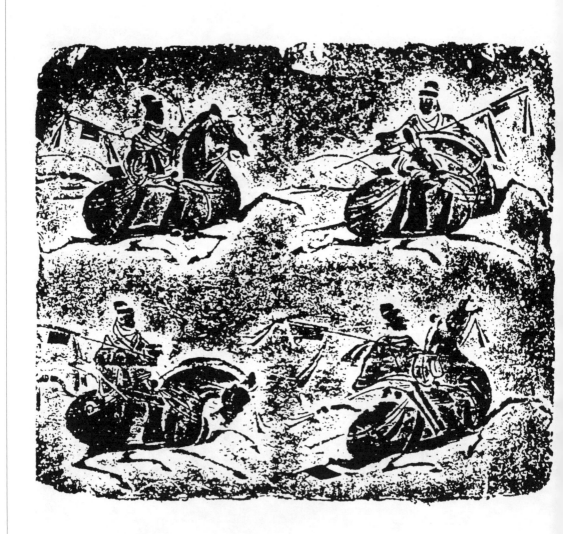

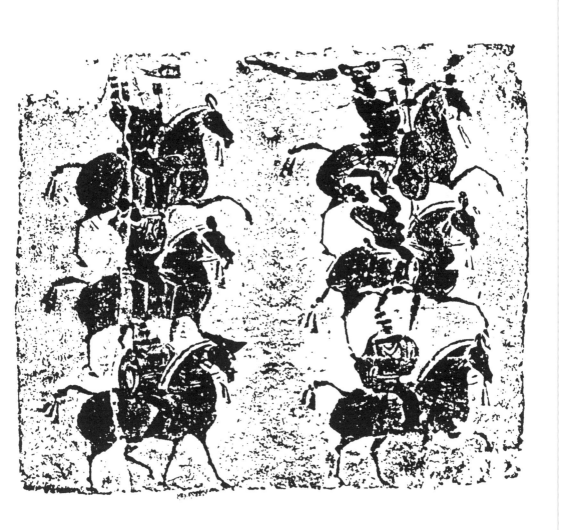

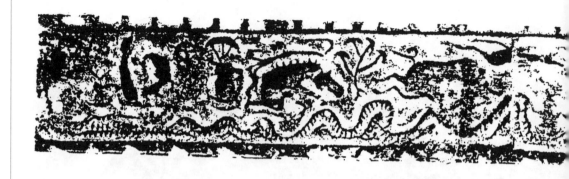

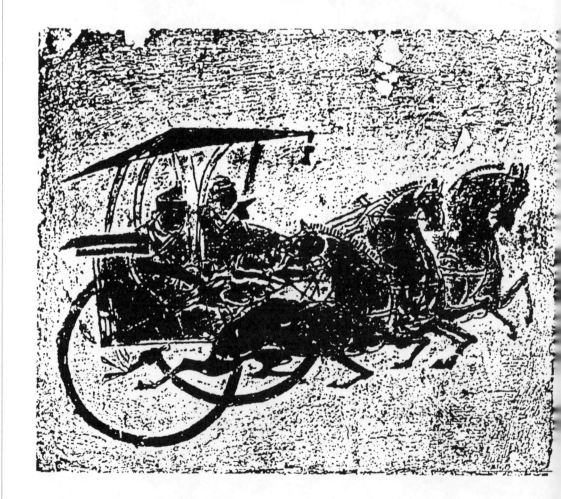

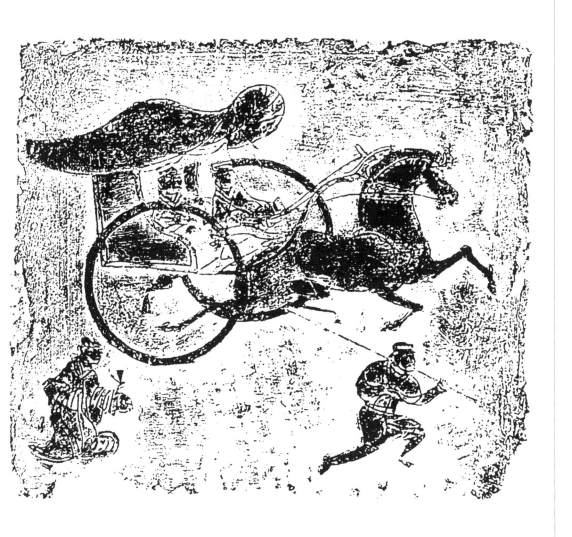

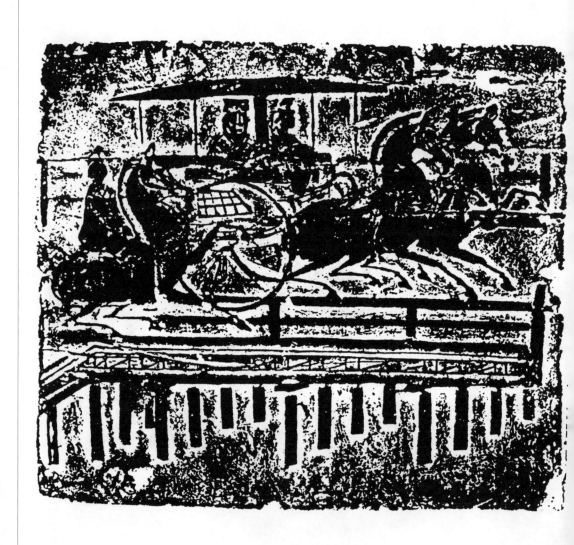

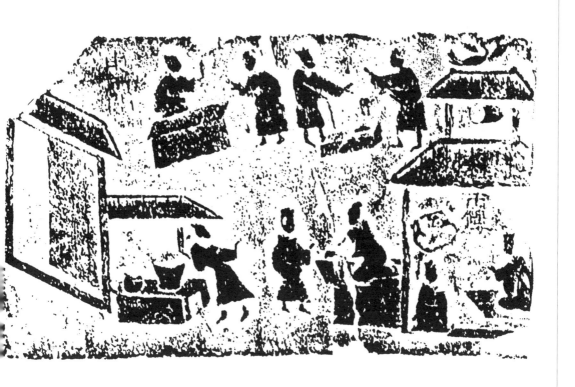

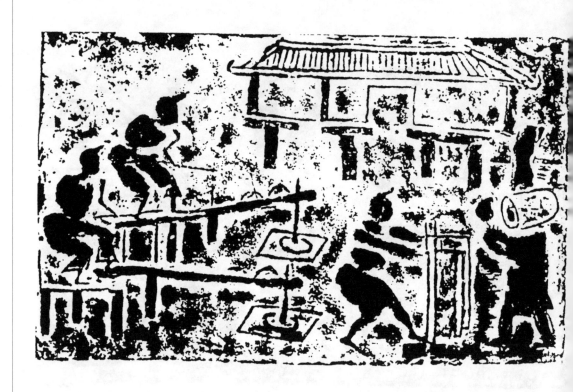

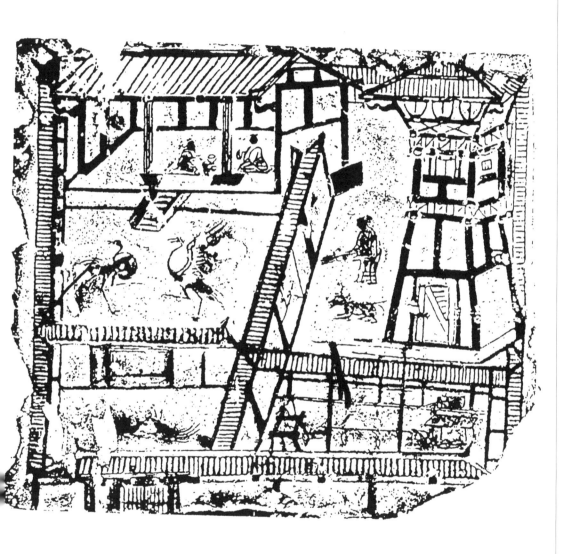

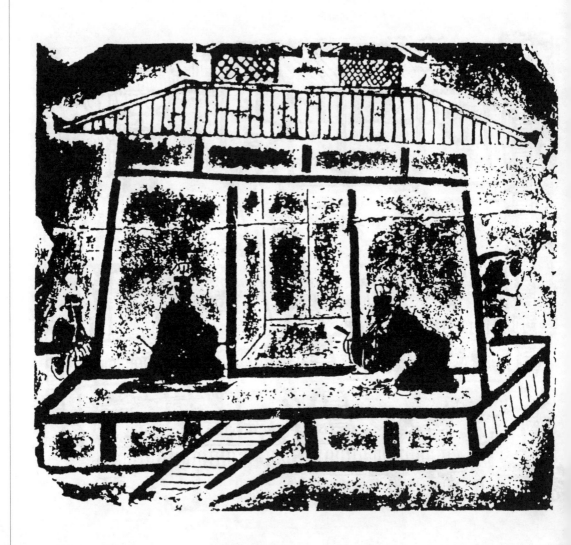

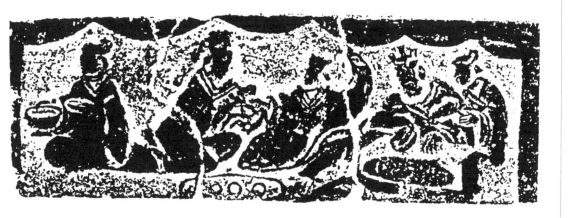

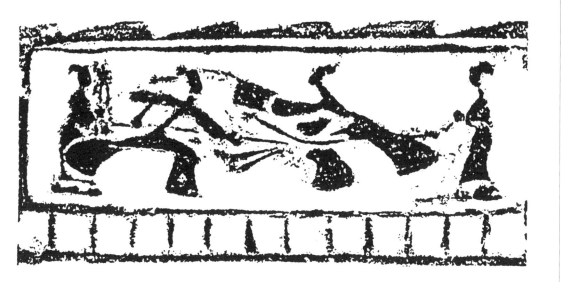

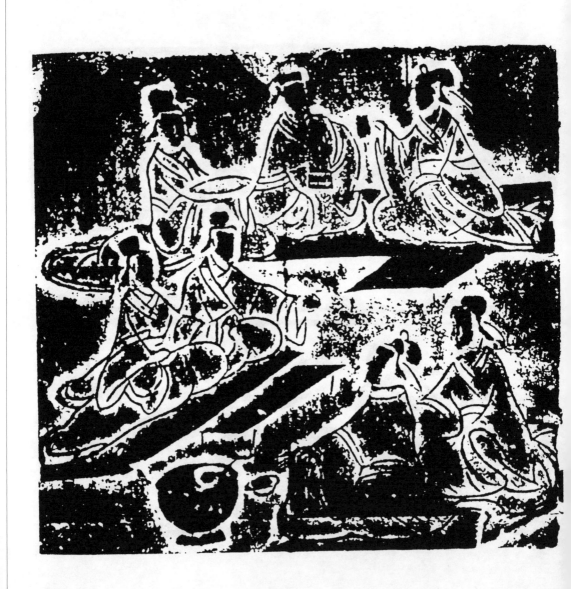

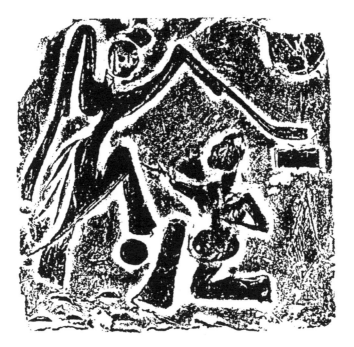

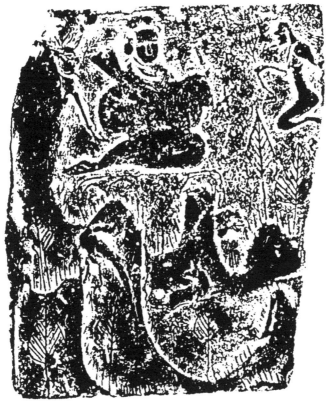

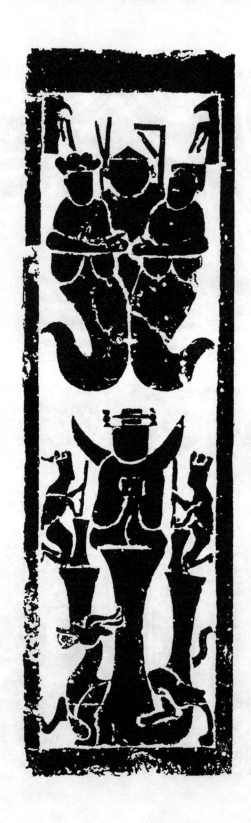

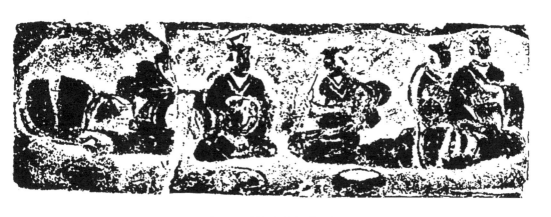

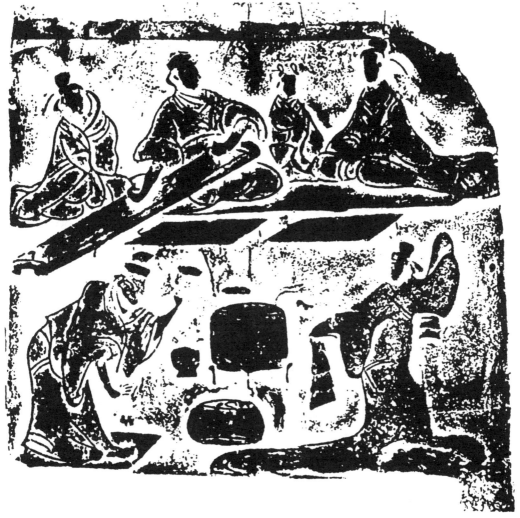

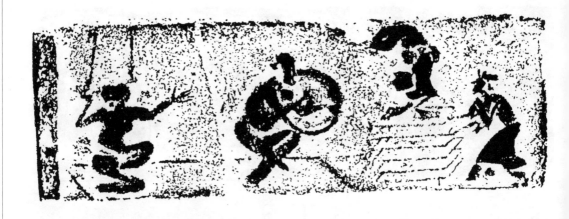

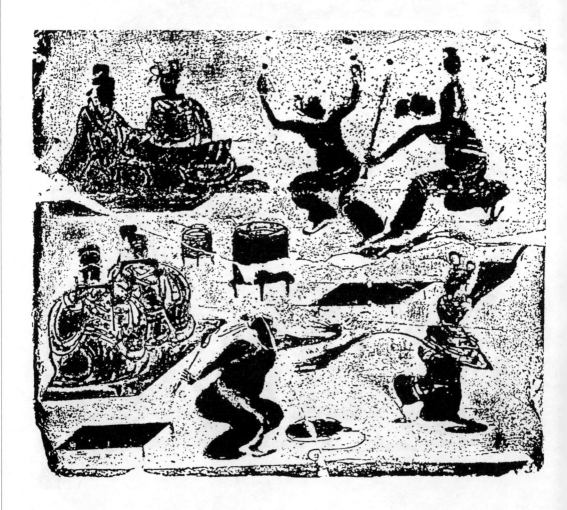

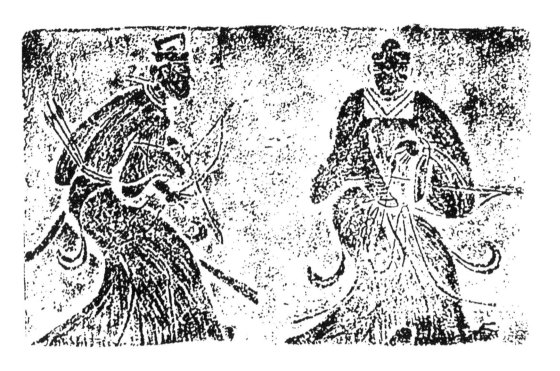

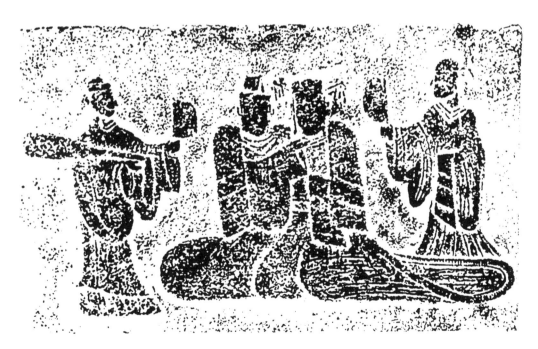

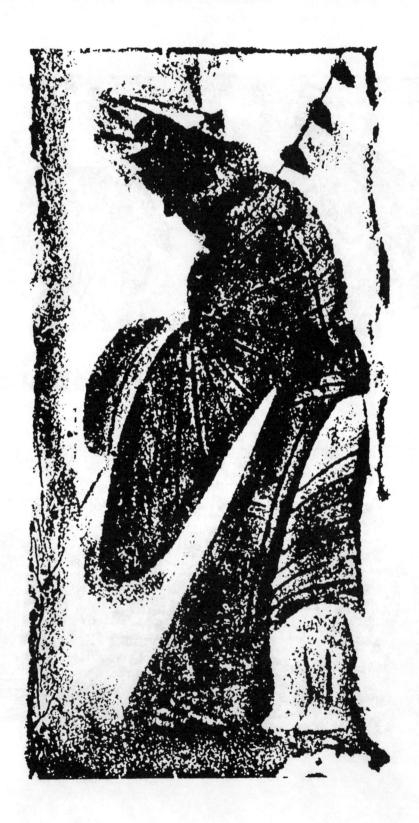

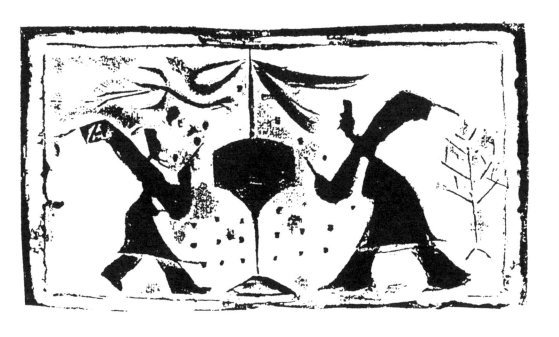

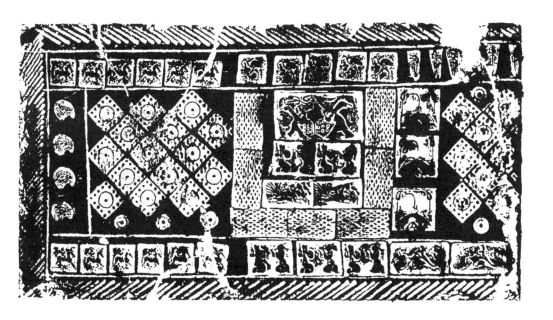

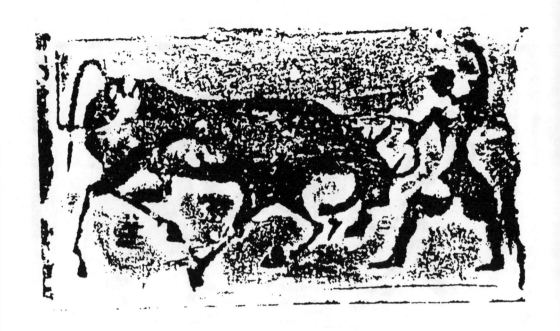

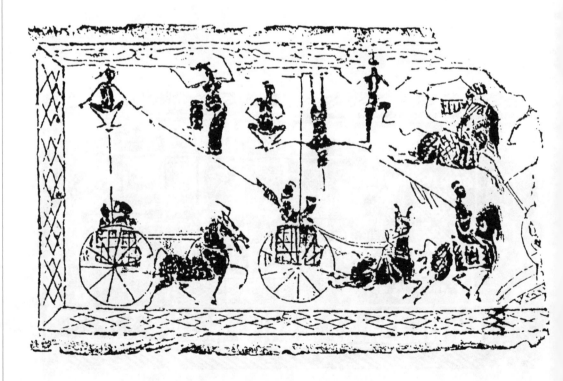

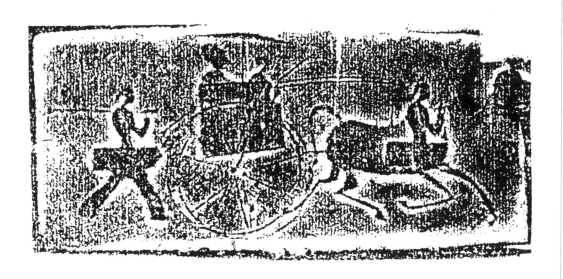

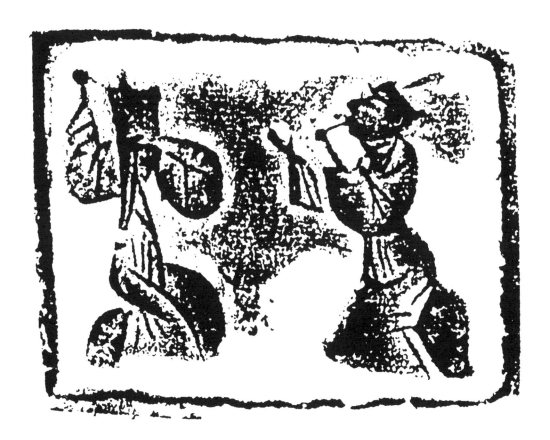

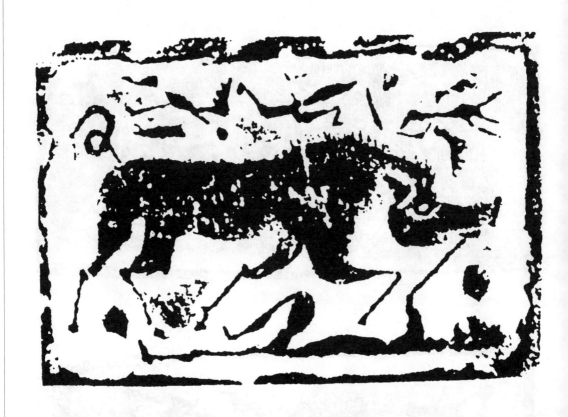

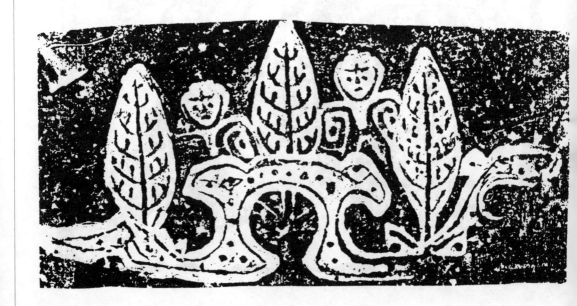

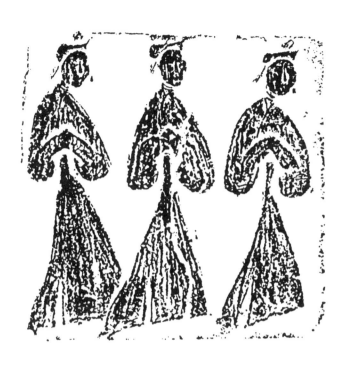

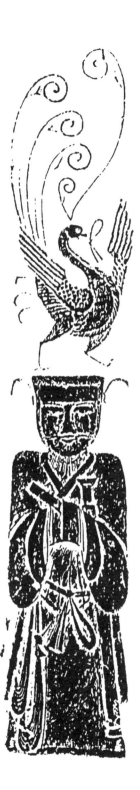

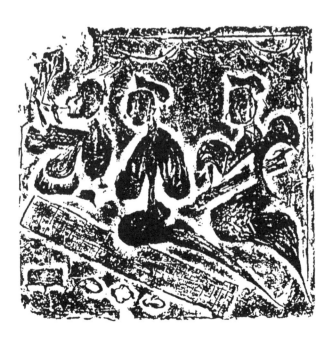

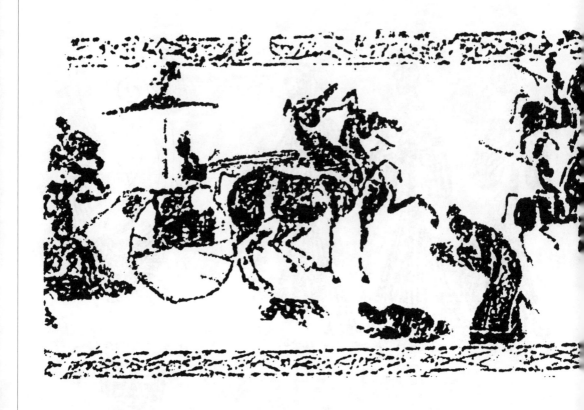

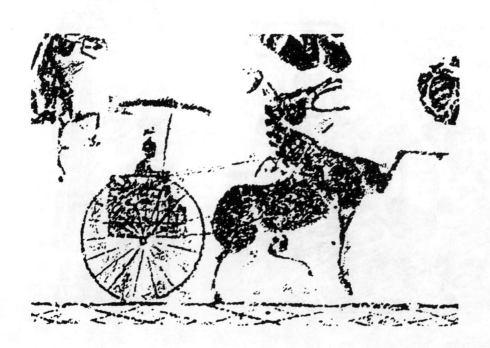

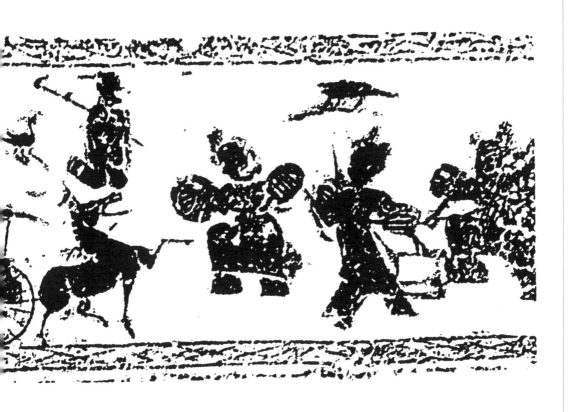

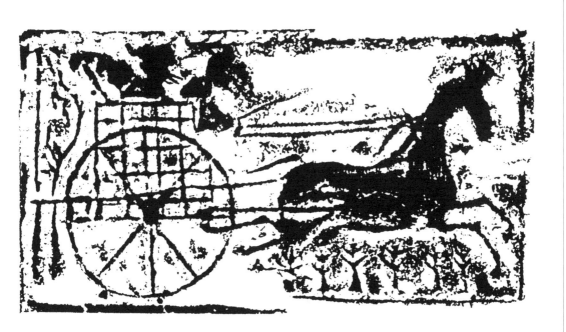

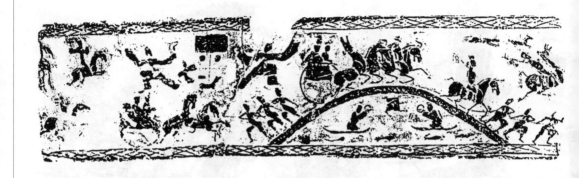

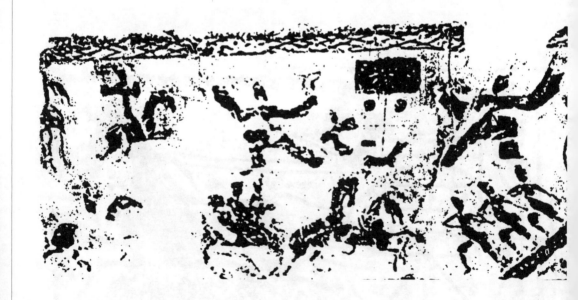

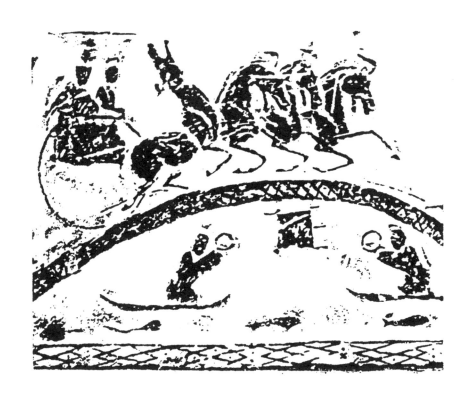

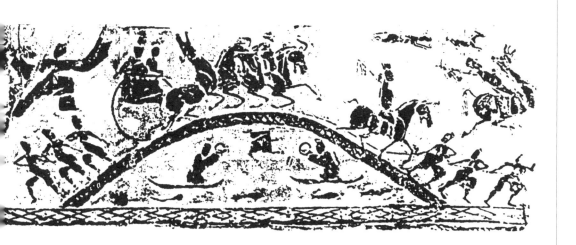

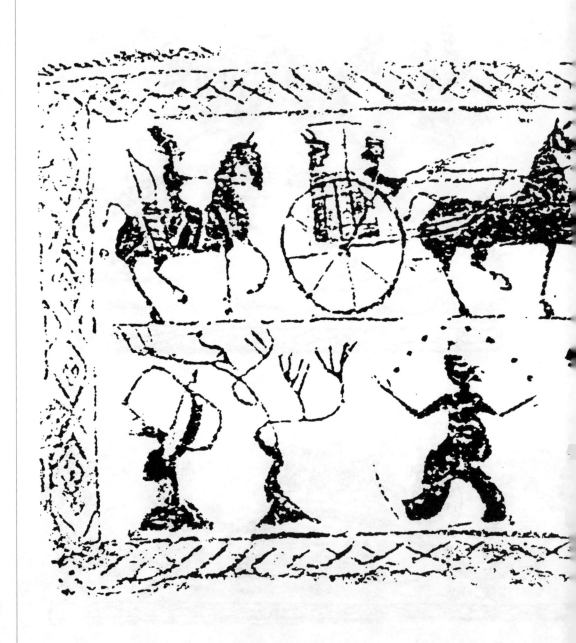

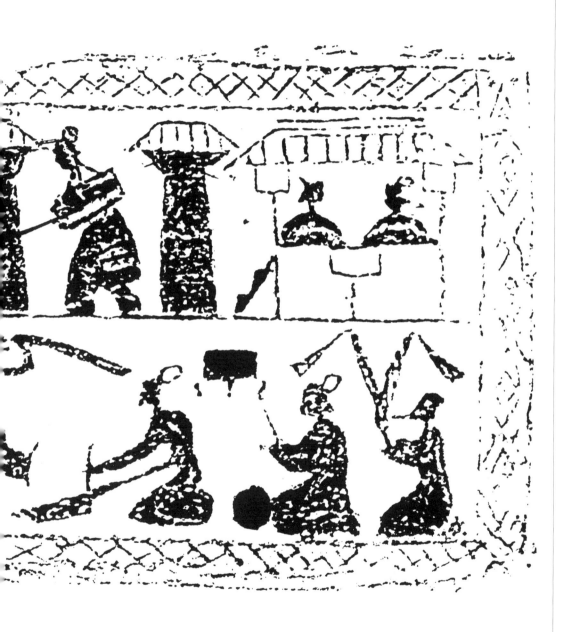

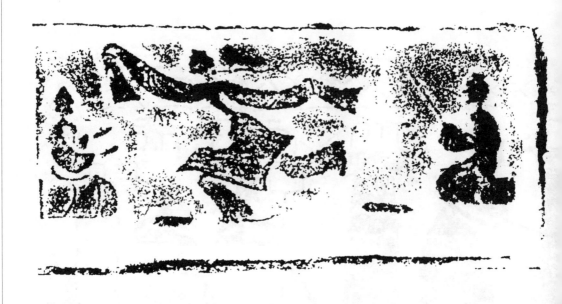

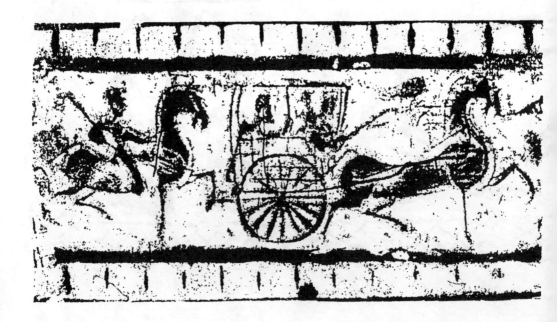

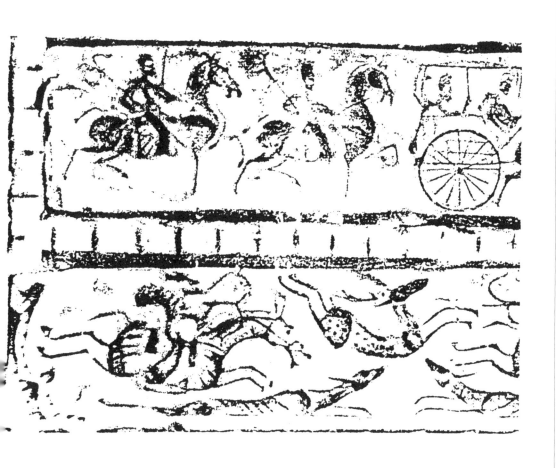

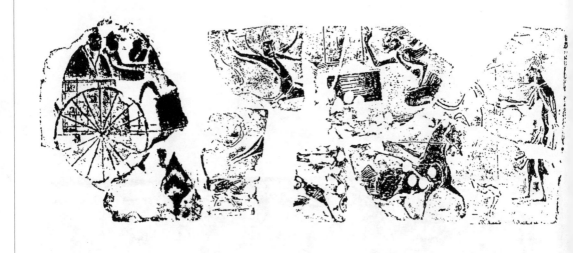

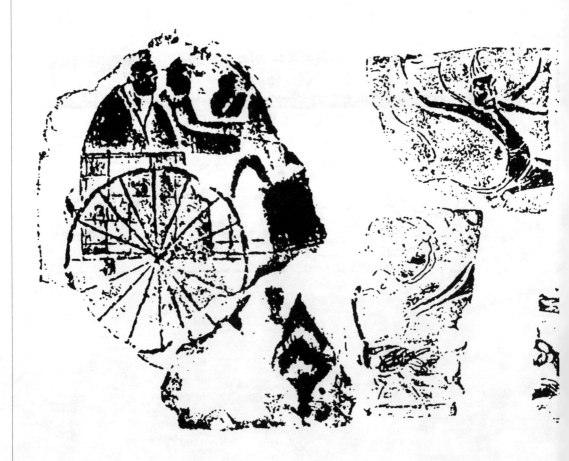

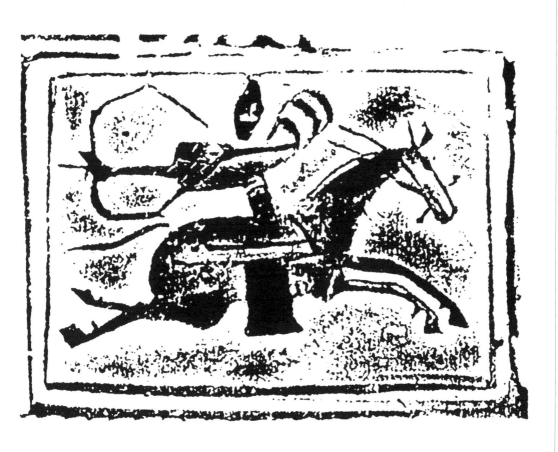

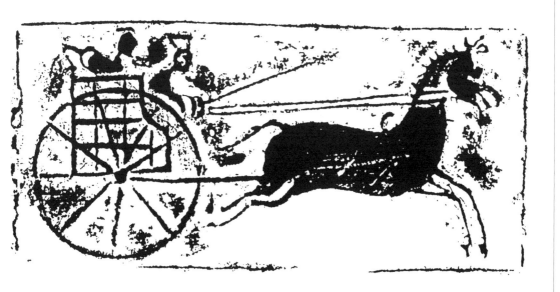

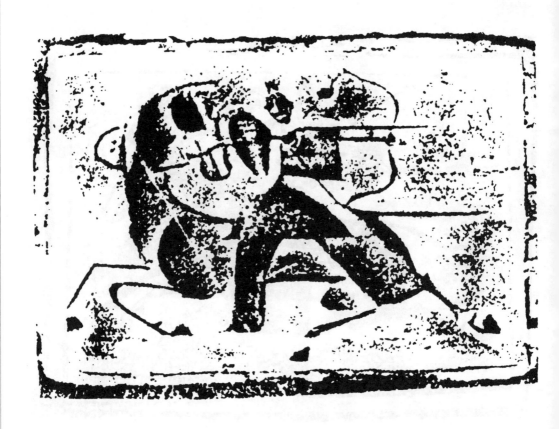

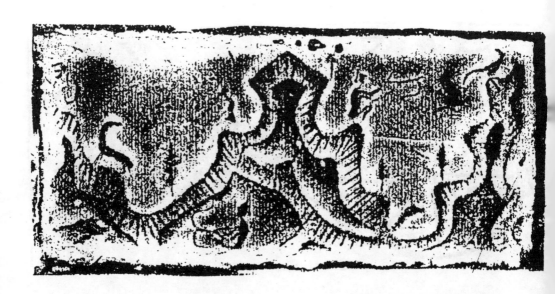

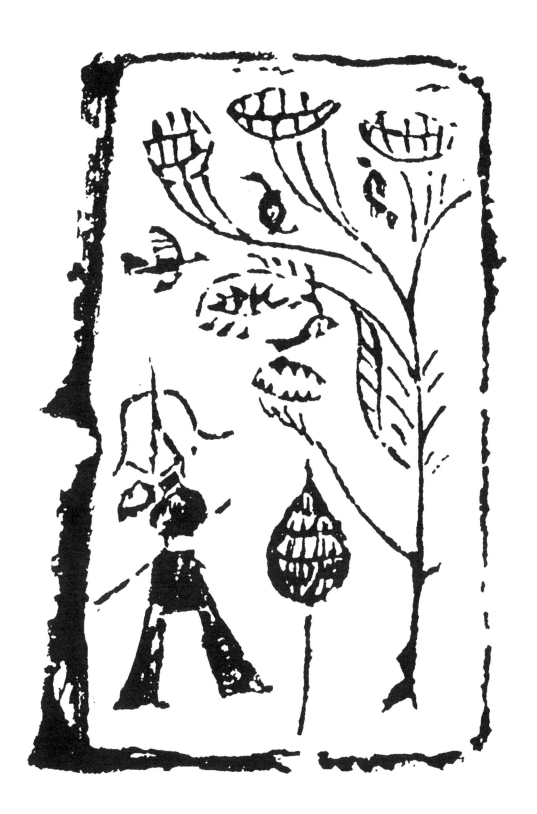

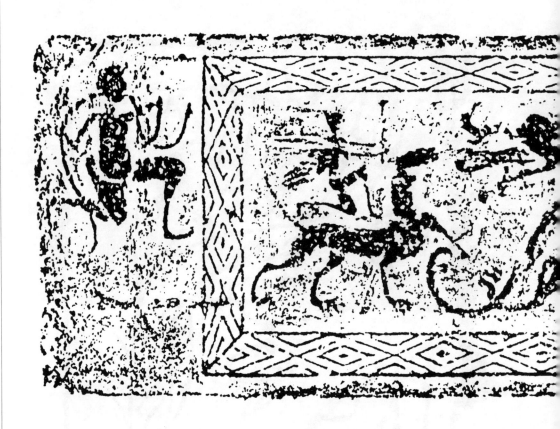

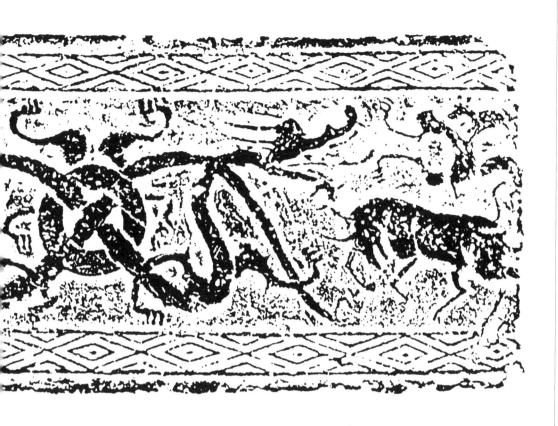

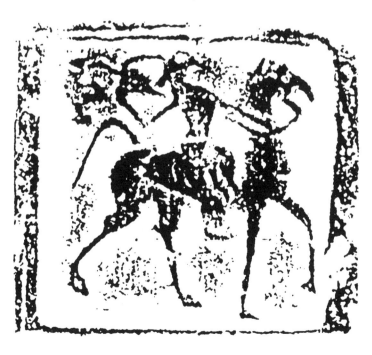

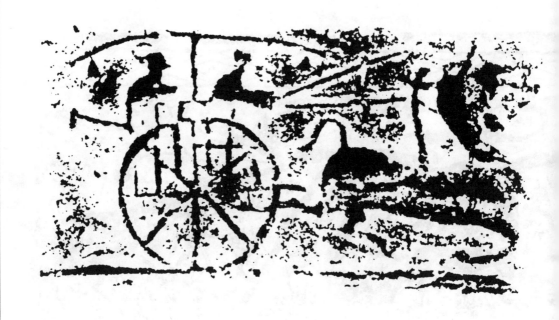

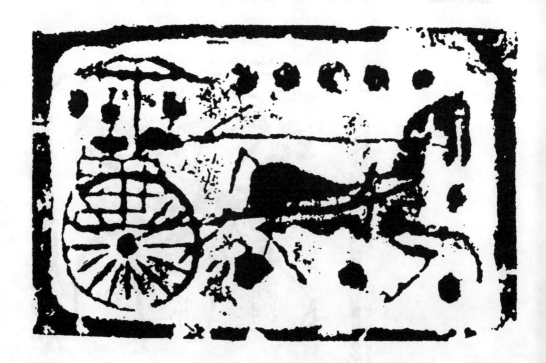

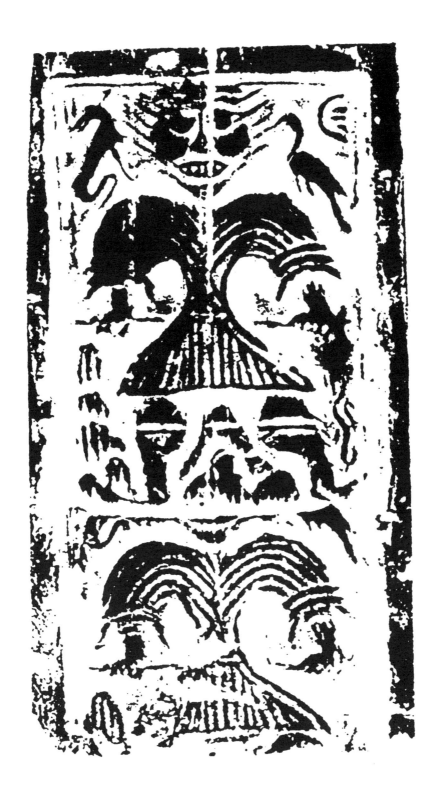

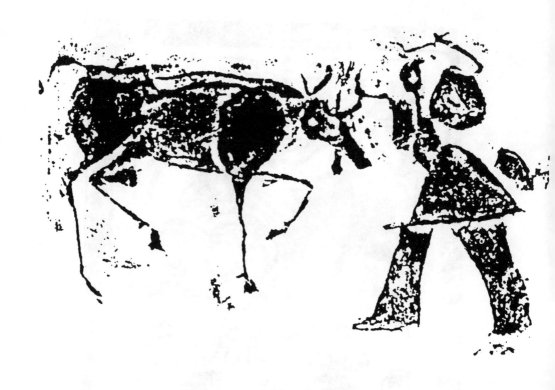

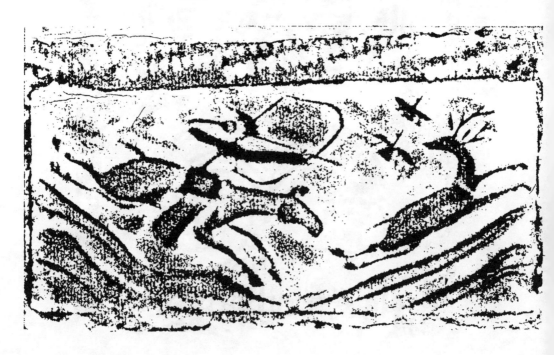

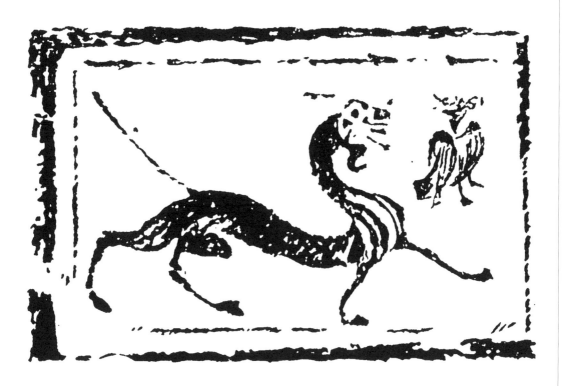

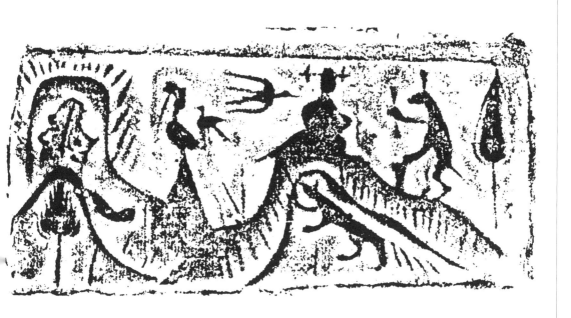

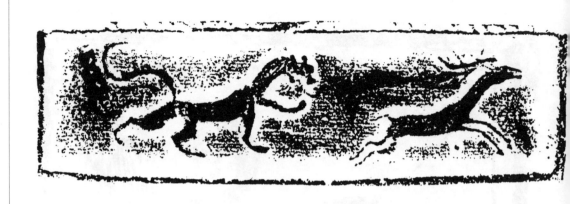

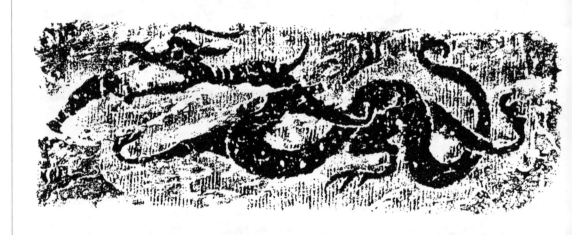

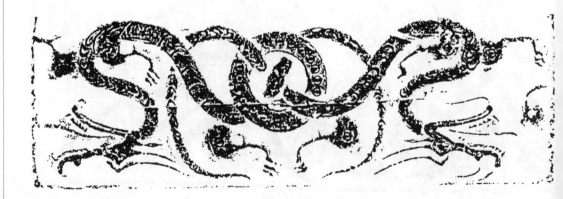

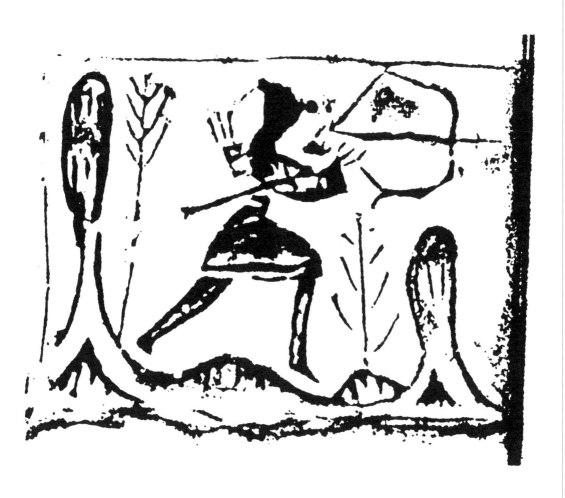

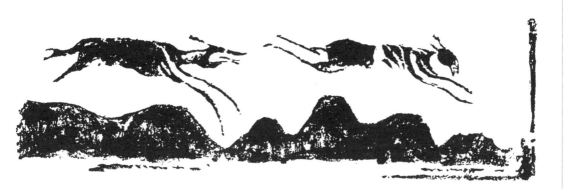

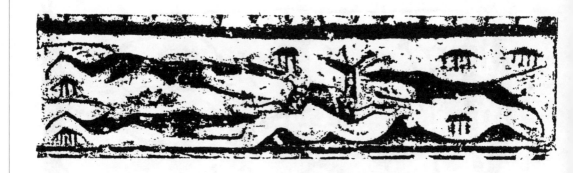

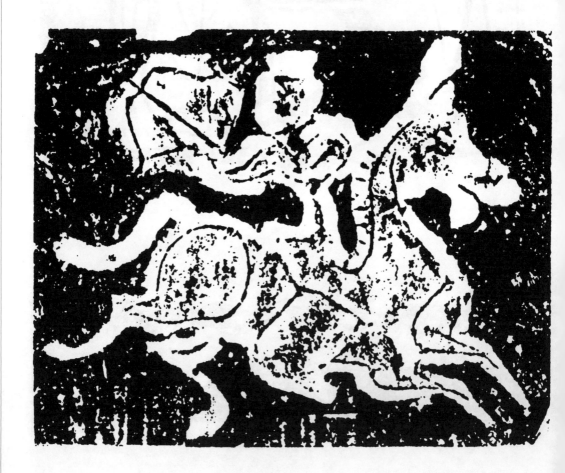

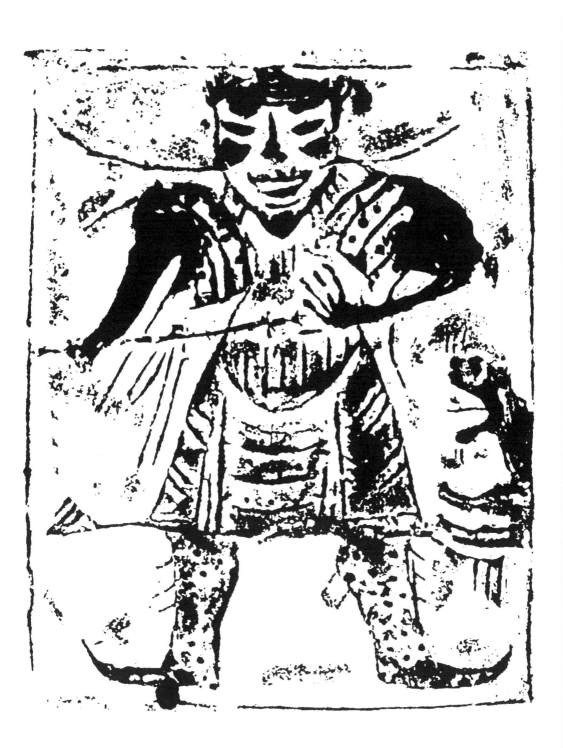

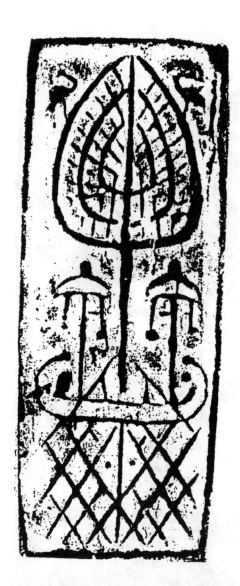

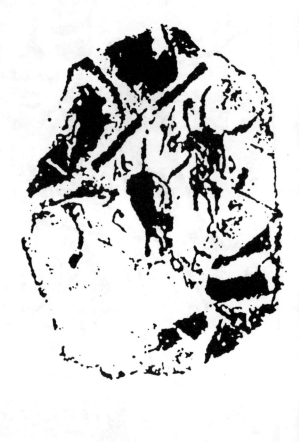

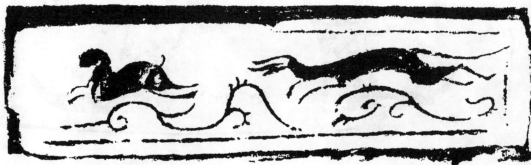

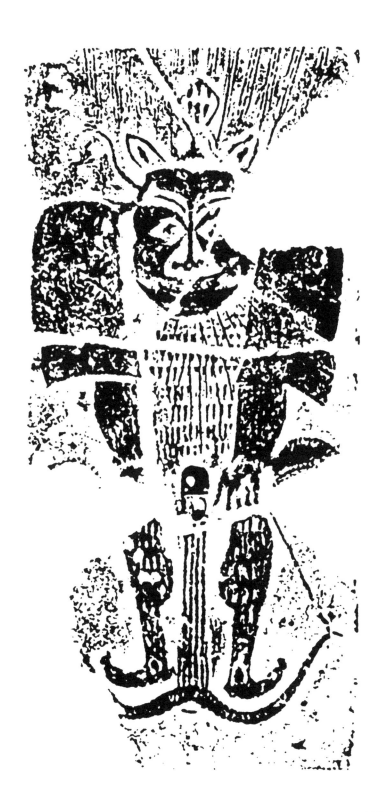

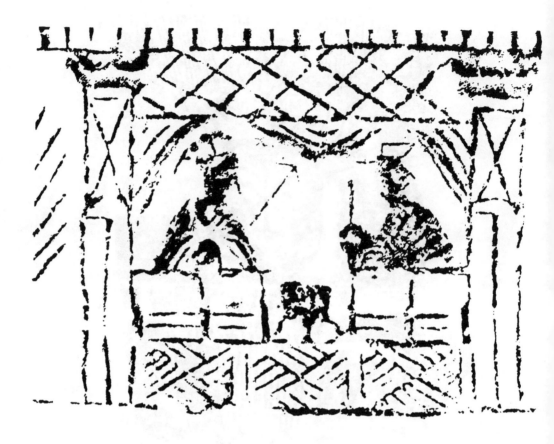

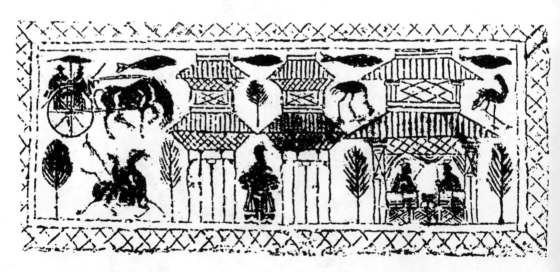

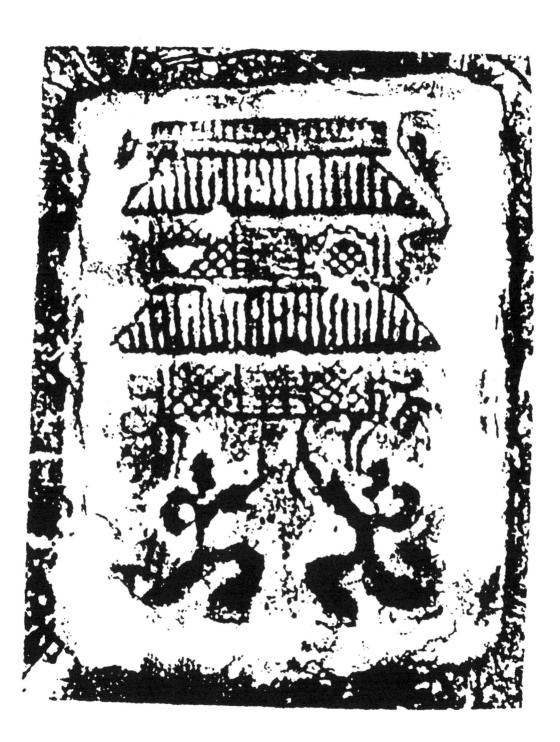

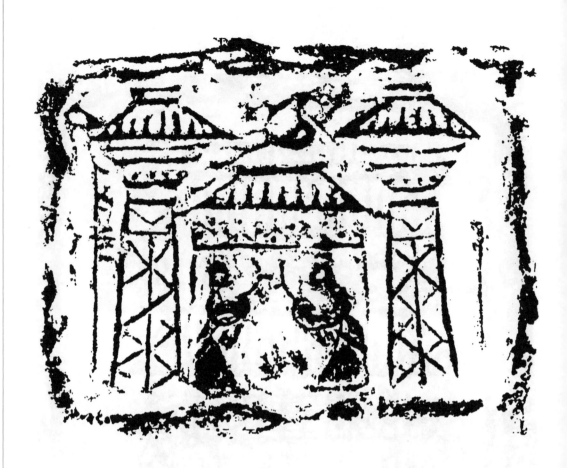

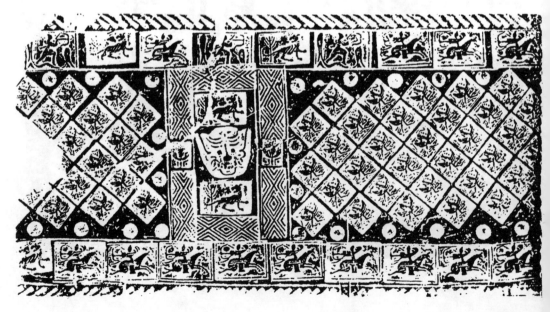

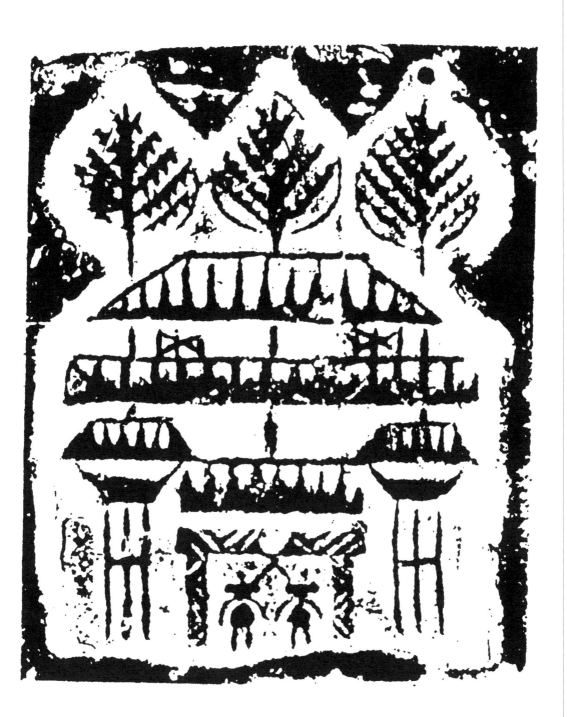

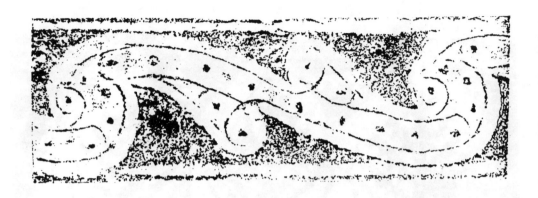

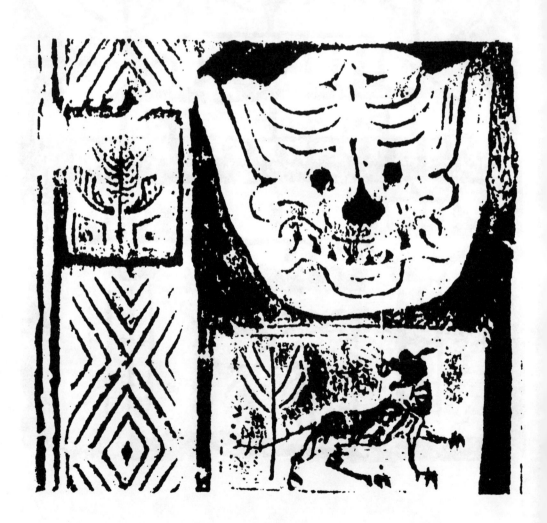

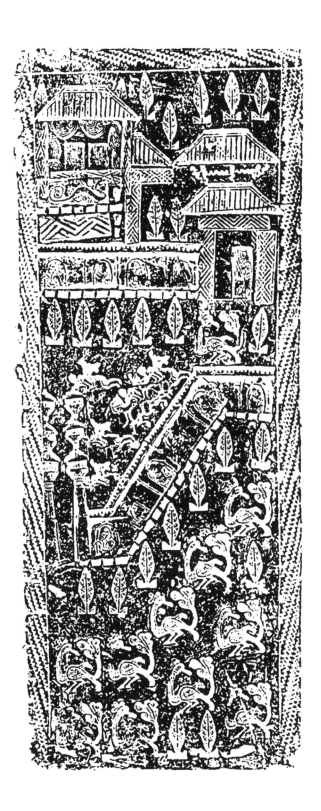

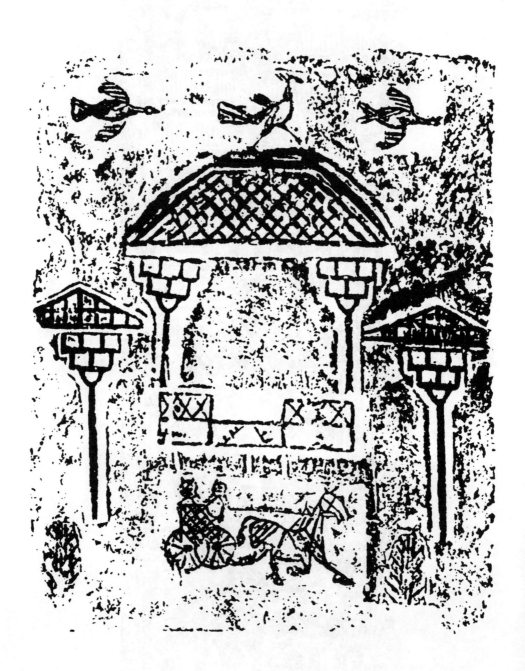

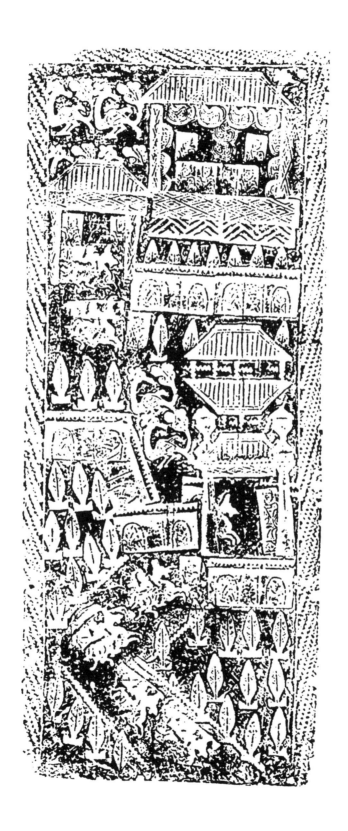

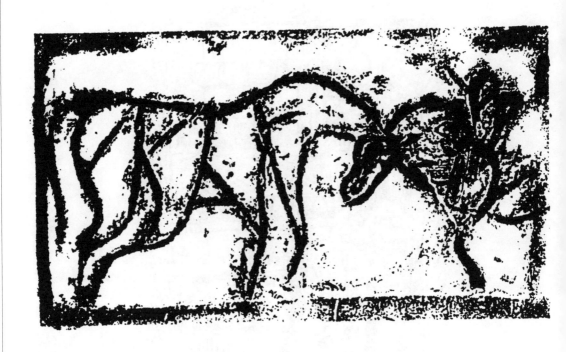

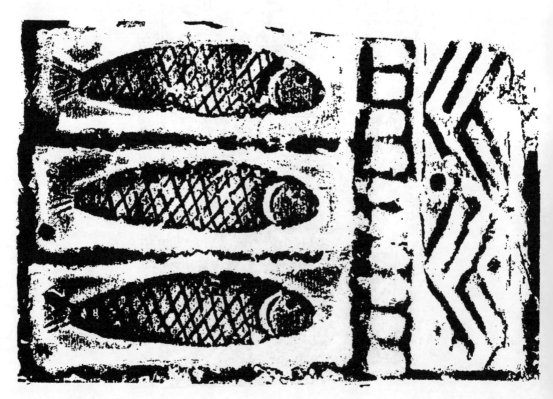

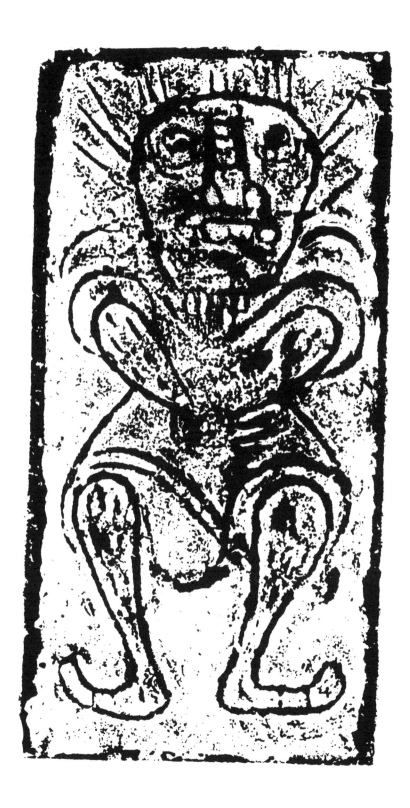

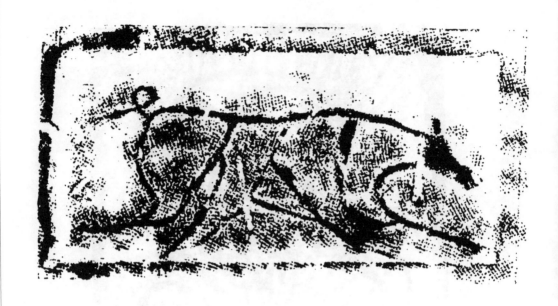

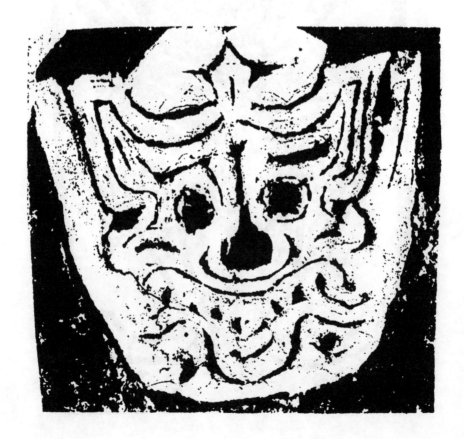

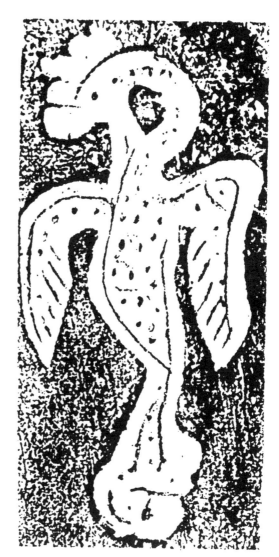

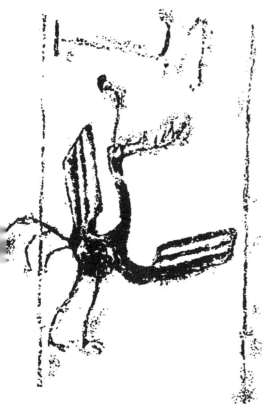

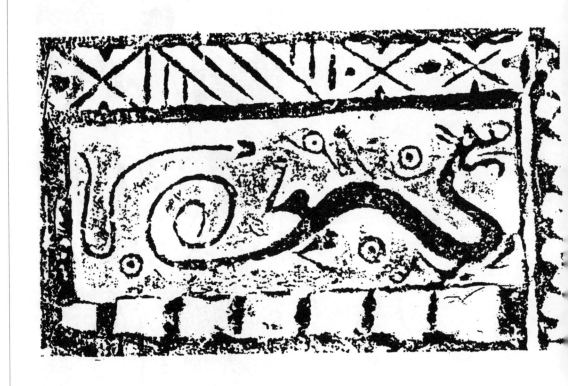

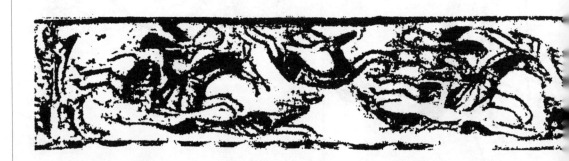

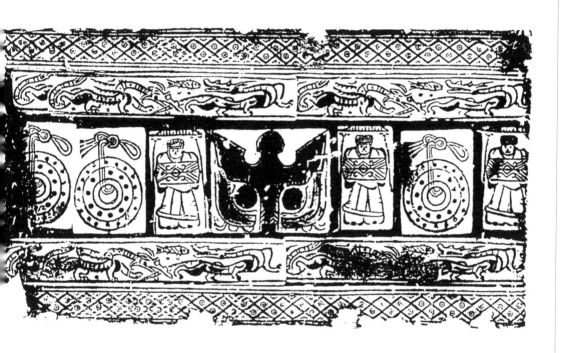

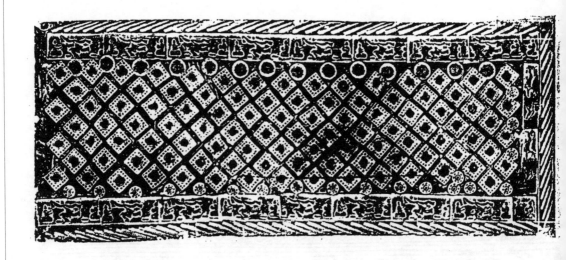

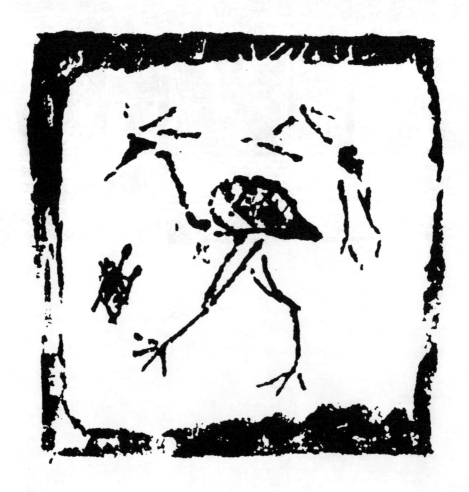

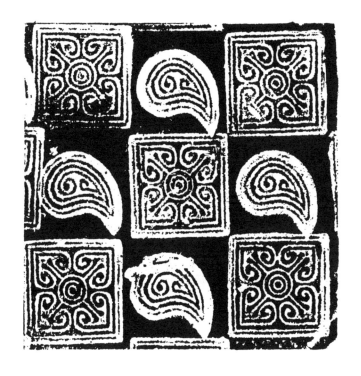

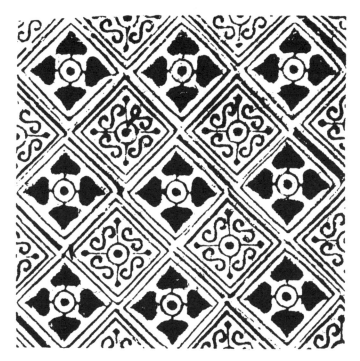

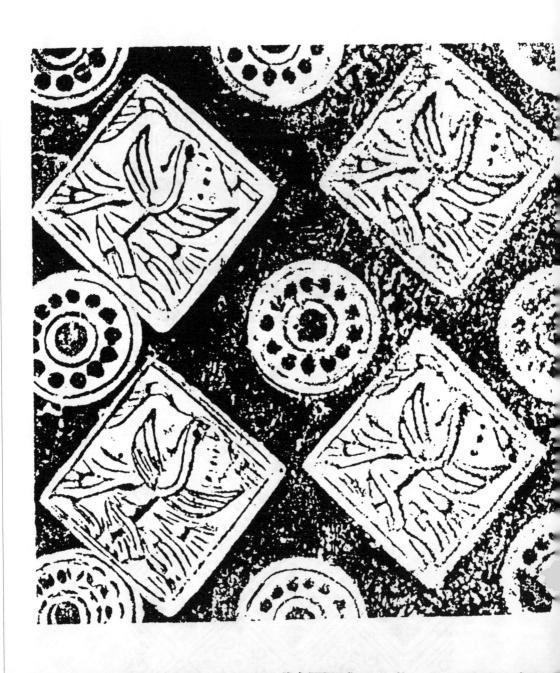

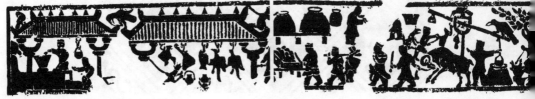

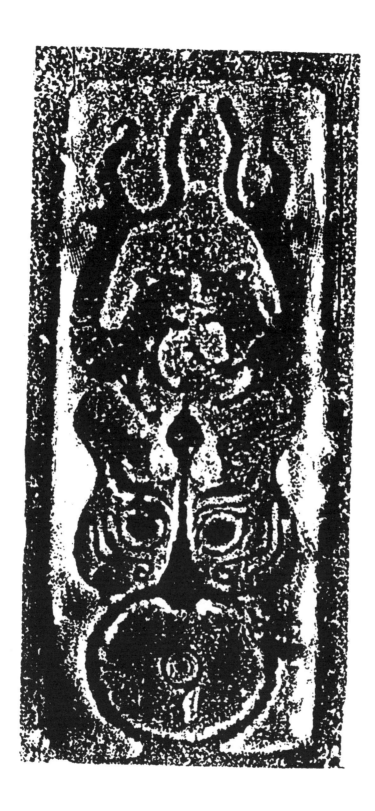

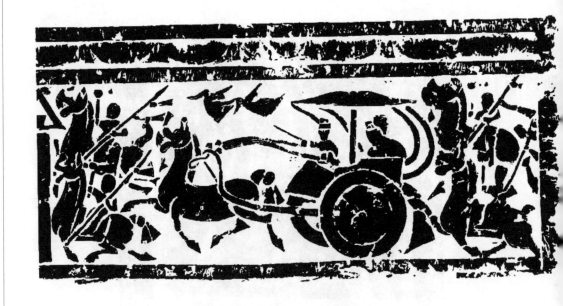

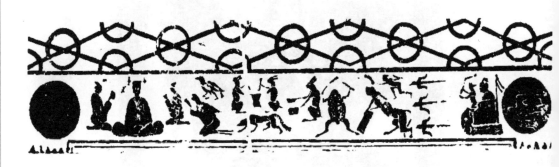

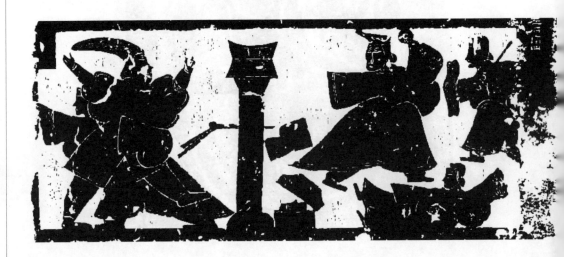

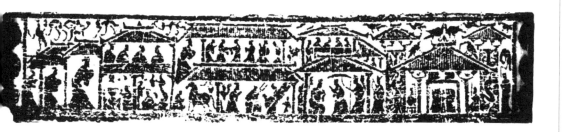

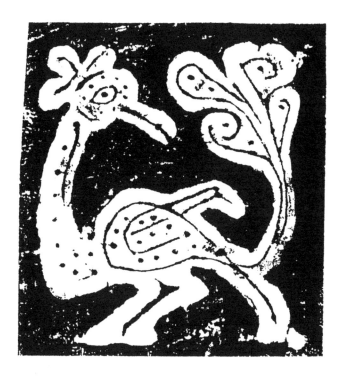

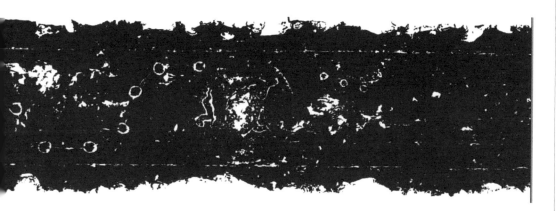

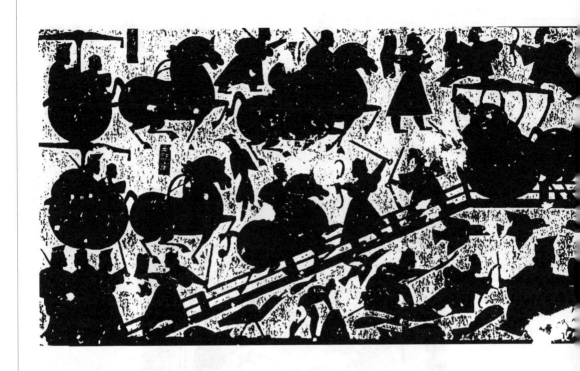

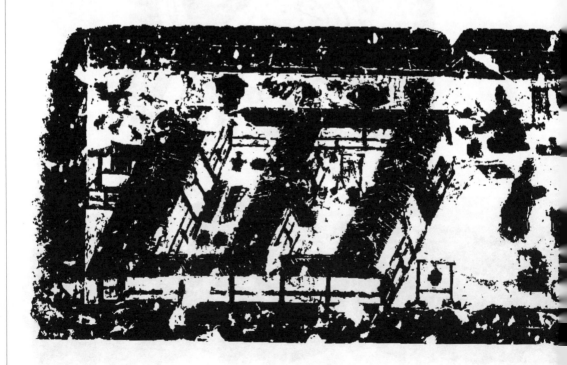

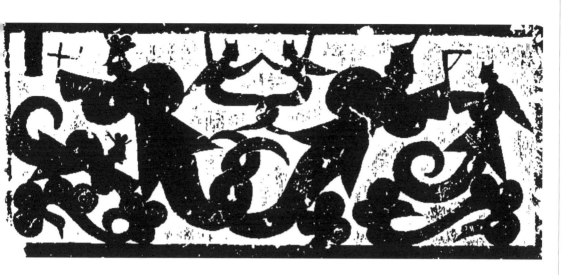

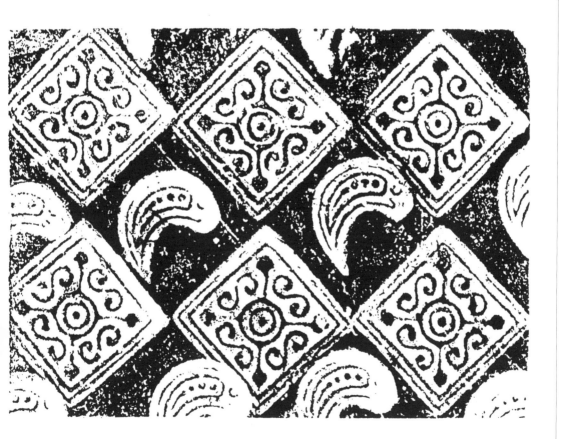

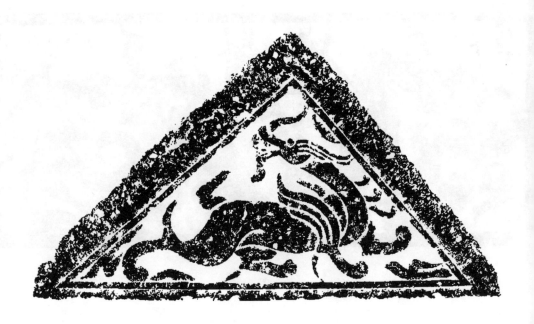

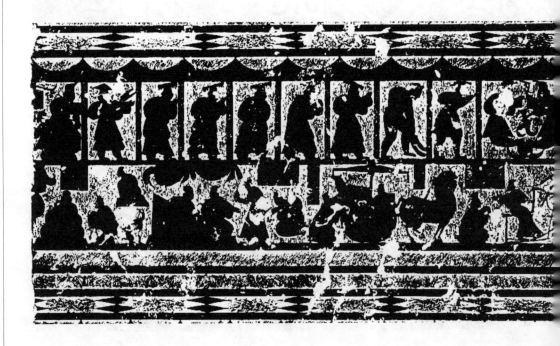

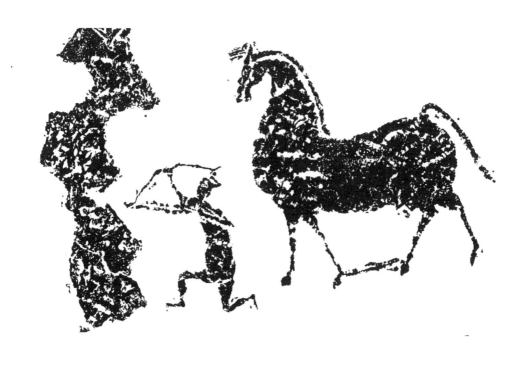

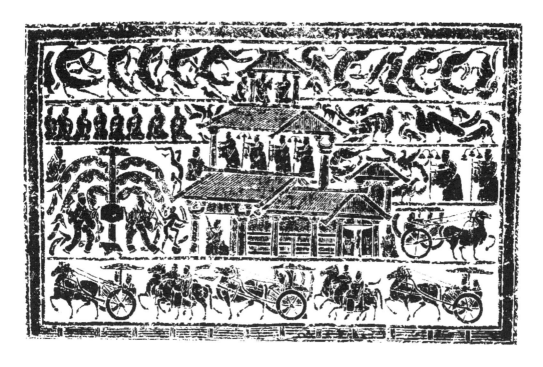

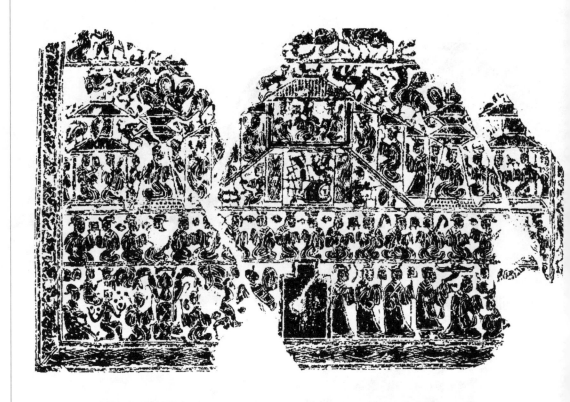

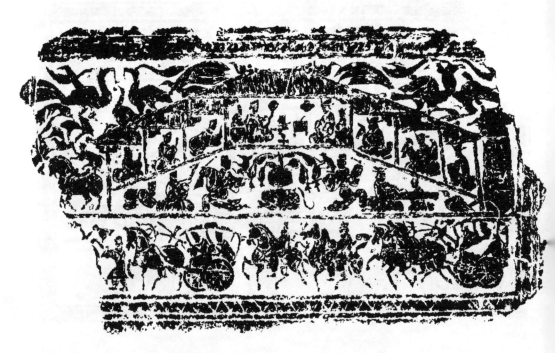

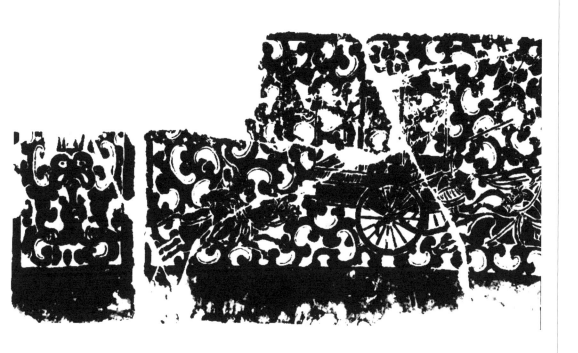

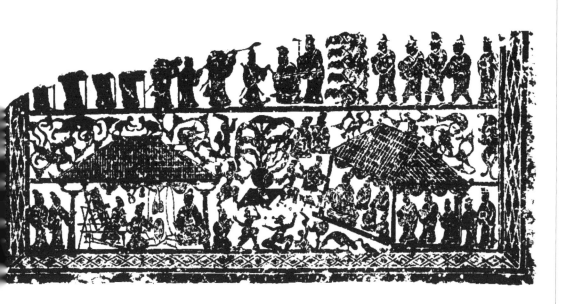

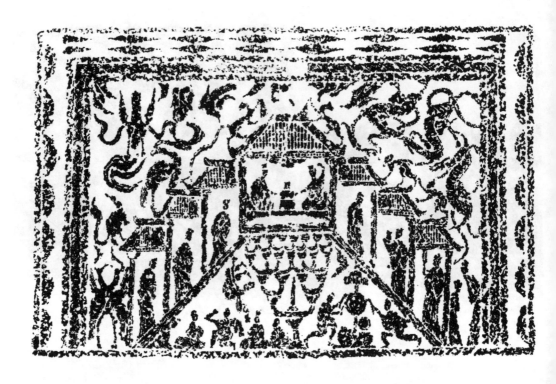

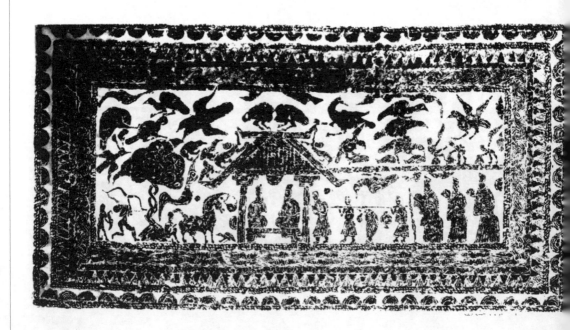

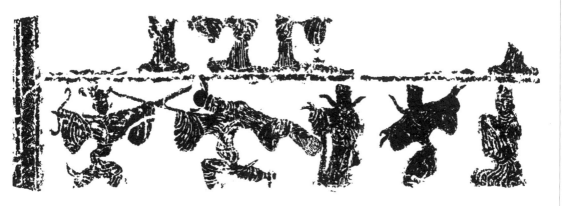

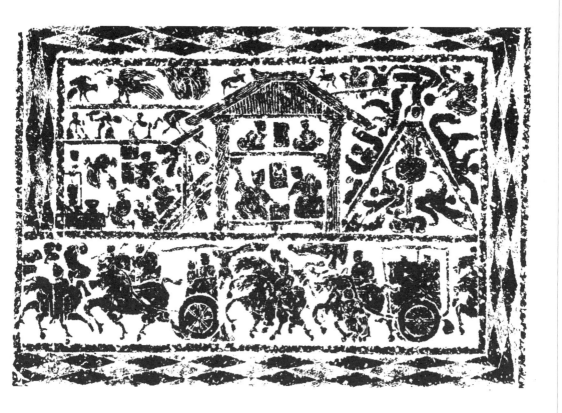

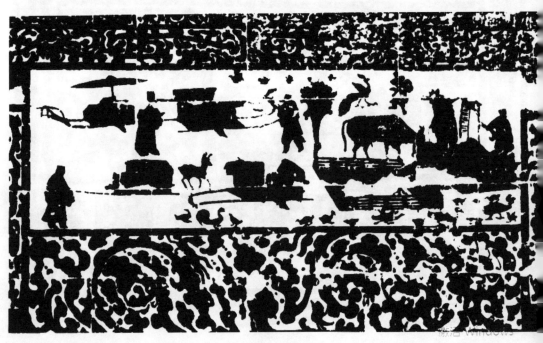

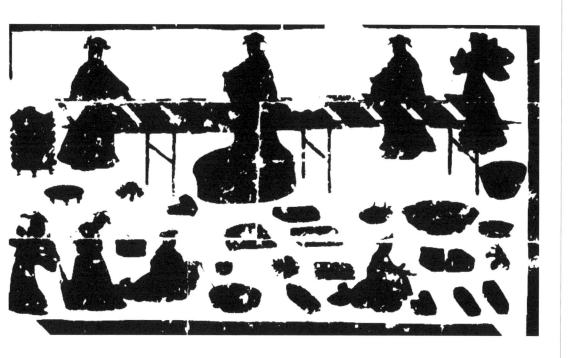

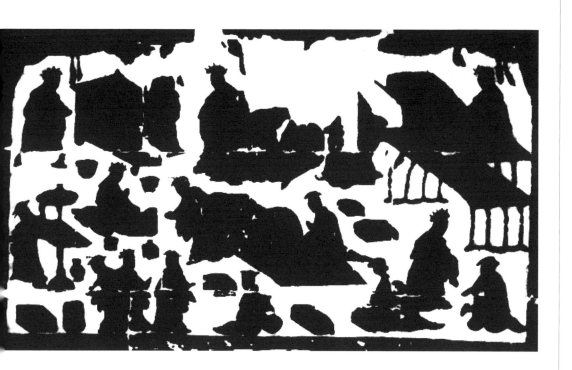

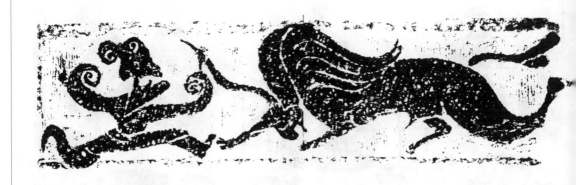

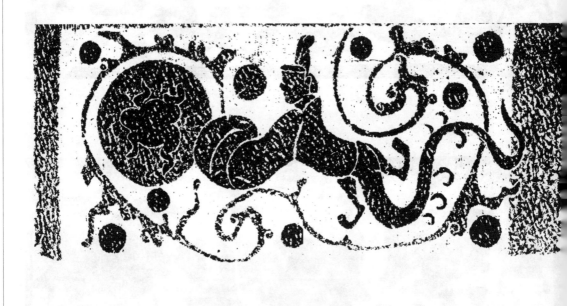

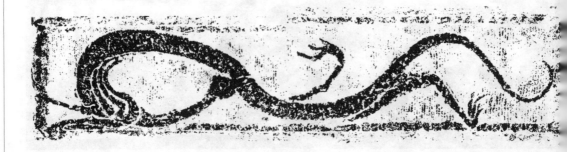

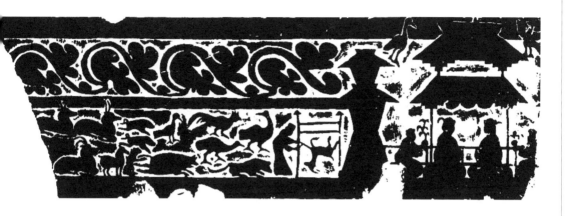

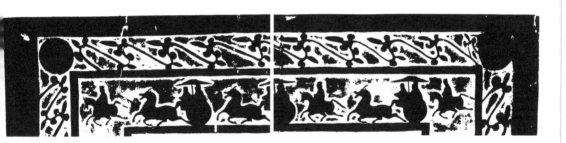

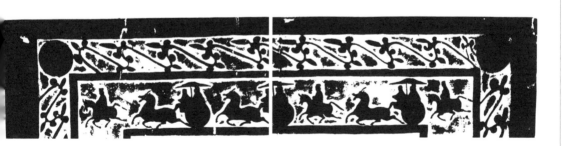

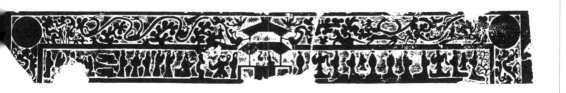

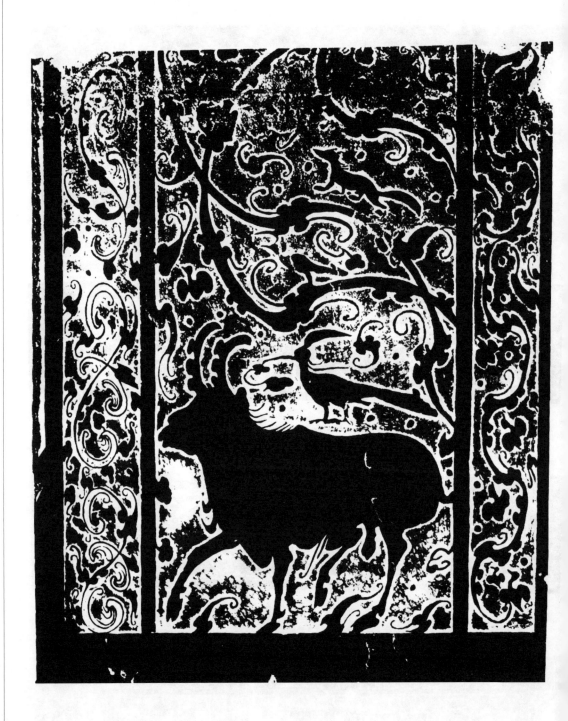

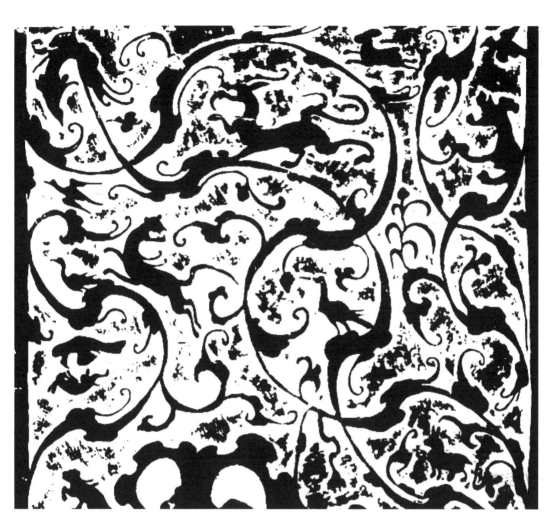

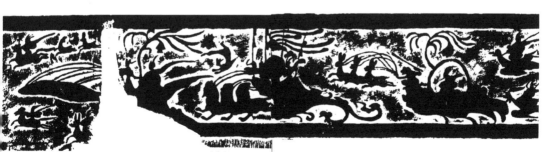

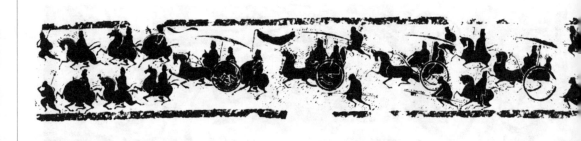

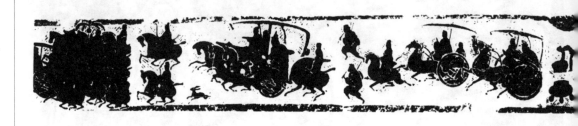

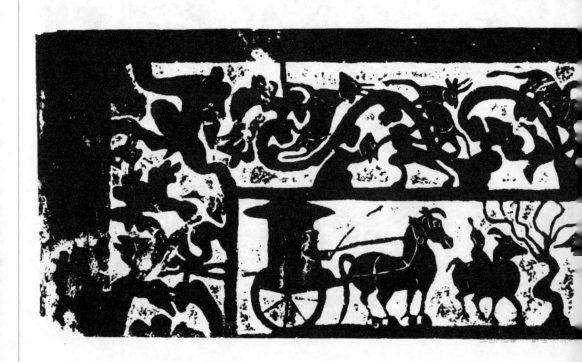

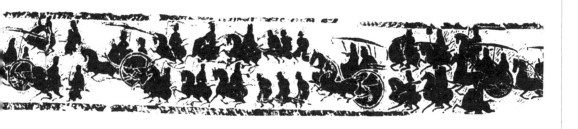

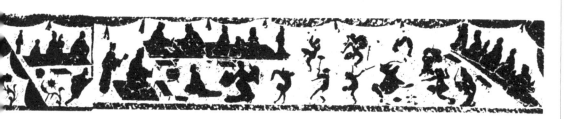

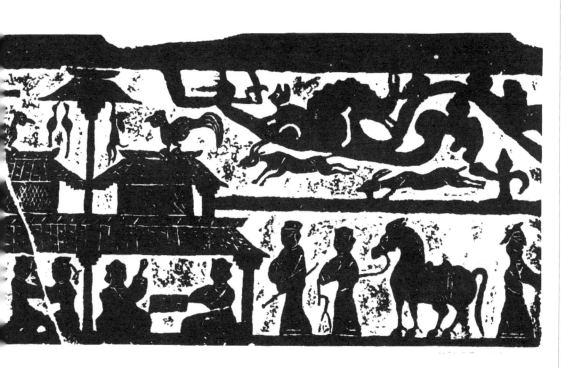

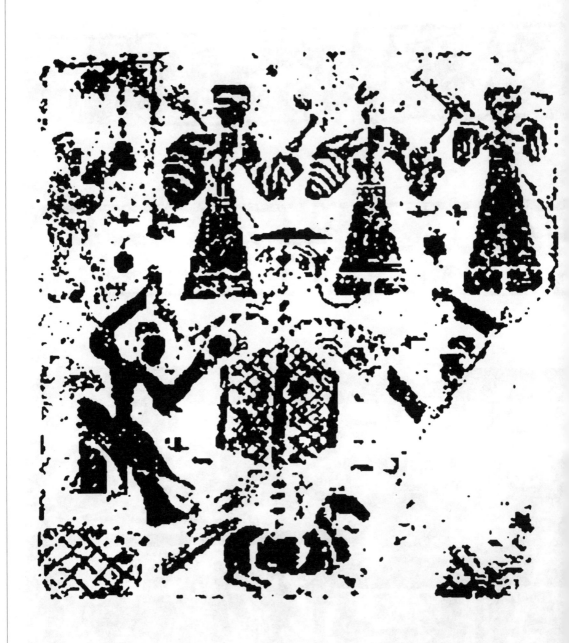

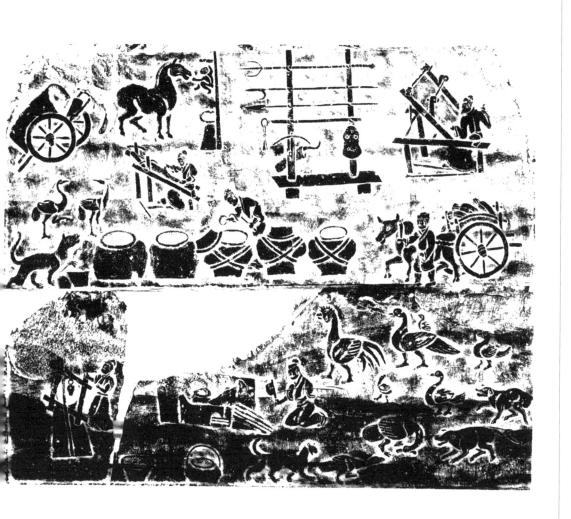

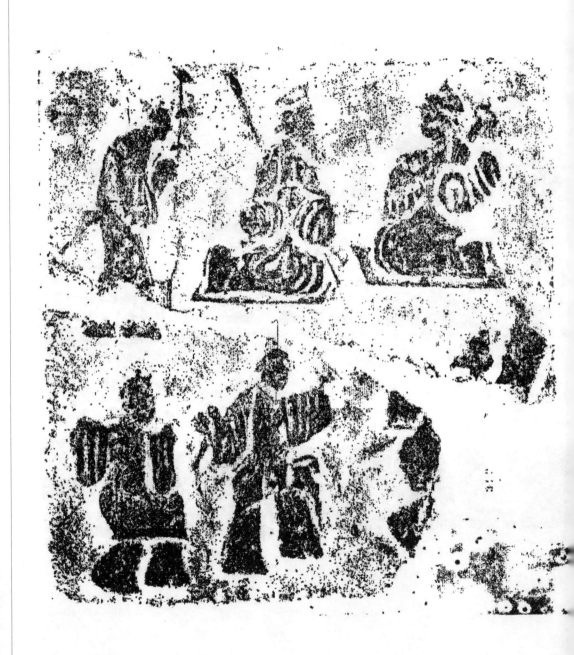

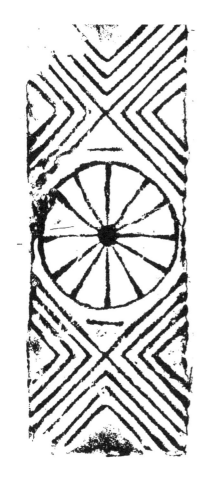

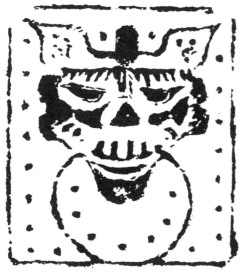

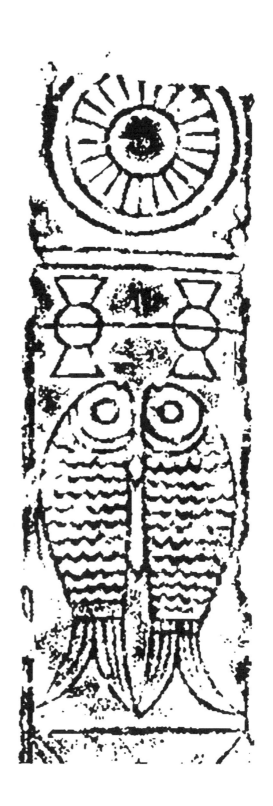

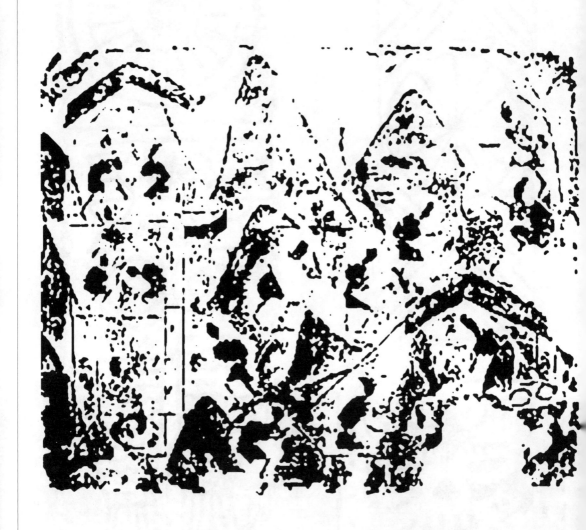

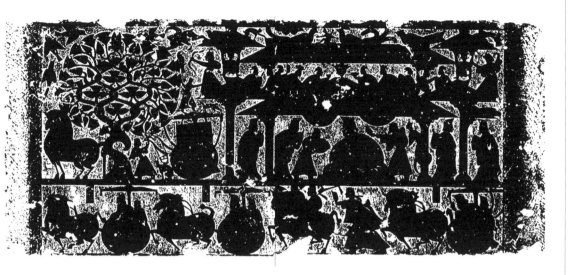

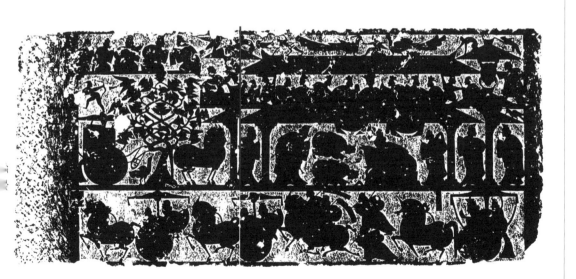

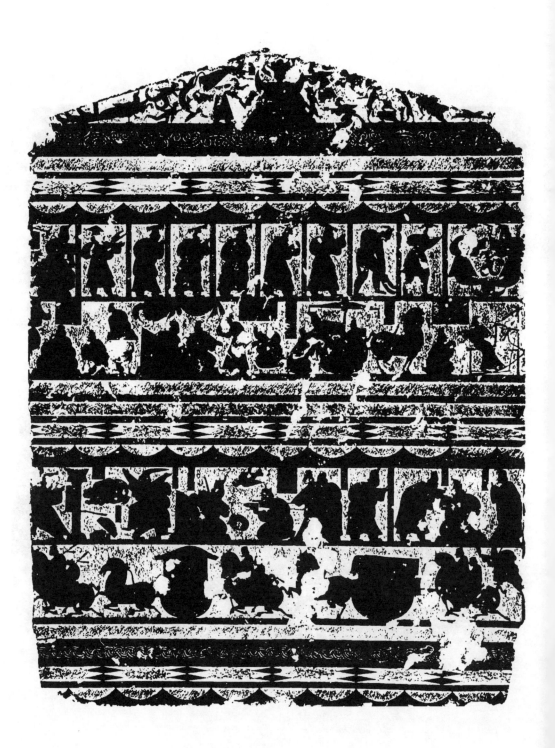

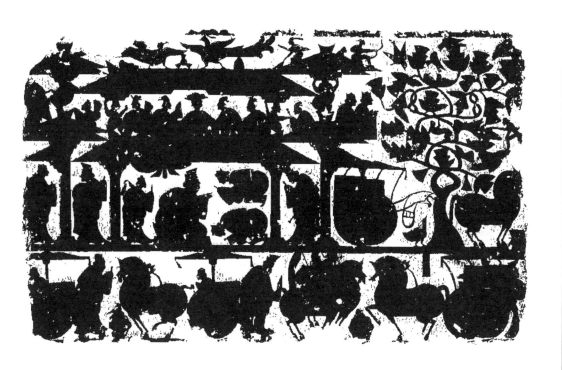

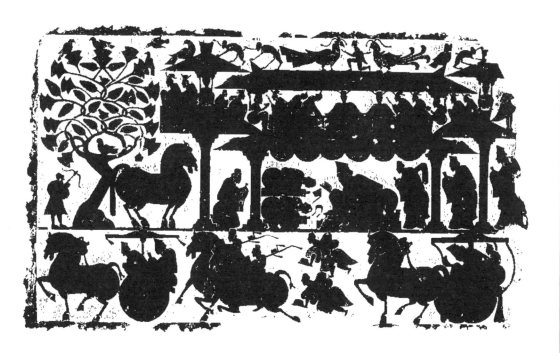

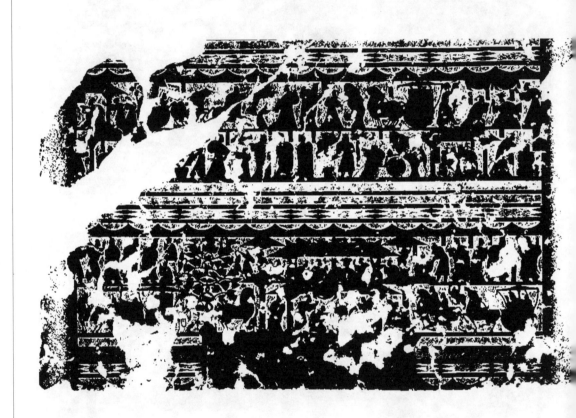

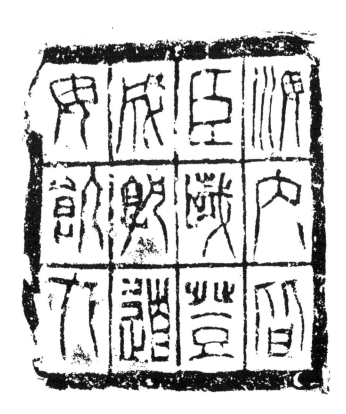

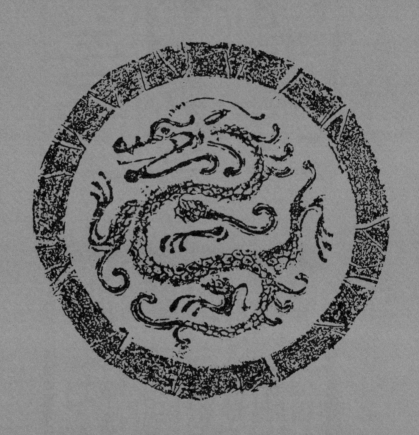

余论

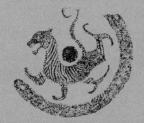

装饰既表现出感性的创造，又具有理性的规定：一方面艺术活动的创造行为与概念形成同步，另一方面又表现出设计和制作的一种有计划的步骤，即受主体制约的规划与设想。这是中国古代器物所表现出的基本艺术风貌，它承载了中国古代艺术与工艺的双重特性。这种艺术与工艺并置的造物思想，并没有产生强烈的冲突与差异，而是构筑出一种和谐并存、相互交融的装饰风格。这是古人的智慧，又像是对当下非物质社会"边缘论"①的回答。

非物质社会中"非物质"一词，源自英国历史学家汤因比的记述："人类将无生命的和未加工的物质转化成工具，并给予它们以未加工的物质从未有的功能和样式。而这种功能和样式是非物质性的。"②法国学者马克·第亚尼认为：当下社会有许多的改变，最根本的改变是思想观念和思维方式的改变，具体表现为，多数传统的"两极对立"眼看着一个个消失了。③即原来两极对立的事物之间的边界在不断地消亡，彼此之间逐步形成交融、对话、拼贴的边缘。因此，在非物质社会中，设计越来越追求一种无目的、不可预料的、无法量化和没有固定标准的物品，努力创造一种能引起诗意反应的抒情价值。这明显违背了二十世纪初德意志制造联盟提出的标准化、批量化这一影响至今的设计指导原则。可以说，设计以标准化、批量化与艺术相区别，而当代的非物质社会又促使设计对形式与功能的追求，走向一种艺术的创造，也走向当下设计与艺术的边缘。

---

①滕守尧：《文化的边缘》，作家出版社，1997年。
②［法］马克·第亚尼：《非物质社会：后工业世界的设计、文化与技术》，四川人民出版社，1998年，第6页。
③［法］马克·第亚尼：《非物质社会：后工业世界的设计、文化与技术》，四川人民出版社，1998年，第3页。

在非物质社会之前，艺术与工艺在器物上的对话产生了"装饰"一词。在千百年的实践中，"装饰"又逐渐演变成与艺术、设计等同的人类创造"人造物"的手段之一。在非物质时代的"装饰"应该适应非物质社会的需要，从而提出新的方向？当下的设计正在努力追求脱离物质层面走向纯精神层面，即一种不确定的、感官上的享受——感官或感受性的设计，即王敏教授所说的设计的不确定性之美。[1] 技术对于设计的影响是颠覆性的，设计的发展始终伴随着技术的进步前进，这在设计史中一目了然。而装饰一方面表现出设计的特质，另一方面，其本身依赖于技术的不断进步而发展。因此，在非物质时代，装饰同样面临技术的突破所带来的颠覆性的改变。

在 AI 技术的影响下，装饰及装饰艺术是否同样走向不确定性或创造出感官性的装饰艺术，我们无法预知。但这将是一种全新的探索，甚至是一次装饰艺术的冒险之旅，我们应该有勇气去挑战装饰艺术在未来社会的不确定之美。这或将成为我们真正超越中国古代装饰艺术的路径。

---

[1] 王敏，中央美术学院教授。2022 年 3 月 18 日，南方科技大学主题演讲《人工智能时代设计的不确定性之美》。

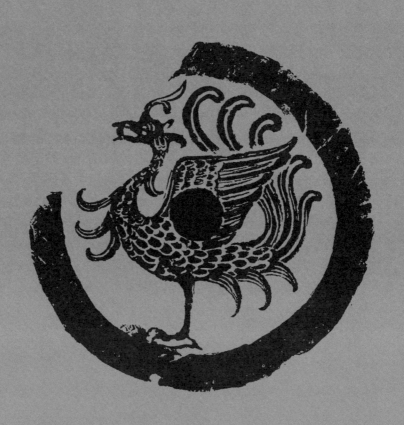

后记

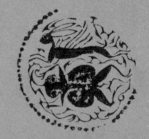

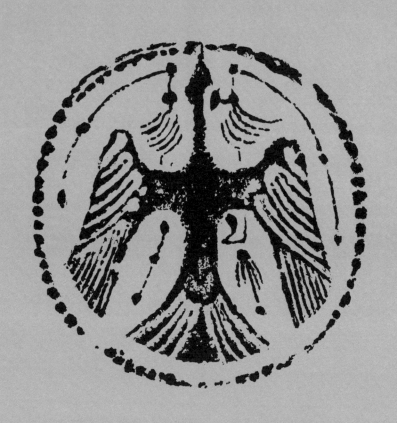

中国古代装饰艺术博大精深，少小时即在家父的悉心教诲下研学其中的奥妙，可谓获益良多，但从未想过将对中国古代装饰艺术的诸多想法、理解述诸笔端。幸运的是，今年年初受湖北美术出版社之邀，参与出版《古代装饰艺术》丛书的出版工作，并主笔撰写《古代装饰艺术》。

中国古代装饰艺术包罗万象、广博浩繁，一时不知从何入手。同时，由于出版周期相对较短，故节选了中国古代装饰艺术的部分内容。岩画艺术、彩陶艺术、青铜艺术、玉器艺术、漆器艺术、织绣艺术、汉画艺术、瓦当艺术，上述八个部分是史前至两汉时期装饰艺术的重要代表。其中，部分内容在两汉以后仍然得到充分发展，但本书仅止于两汉时期。客观地说，这只是呈现了中国古代装饰艺术的"上半场"，两汉以后几乎没有涉猎。其中原因有以下两个方面：一方面，增加两汉以后的内容，无法在较短时间内完成；另一方面，深感研究深度及个人能力尚缺，只好期待日后。我的老师熊铁基教授在其《文集·自序》中写道："因为我活得比较长，而写作生涯中有一个突出的现象，大多数研究成果是 60 岁前后，特别是 60 岁以后出来的。"熊先生尚且如此，如我这般的后生晚辈更应该趁着还算年轻，多学、多问、多读、多看。能如熊先生所言在 60 岁左右补齐《古代装饰艺术》的"下半场"，亦算是无愧于熊先生曾经的教诲。

在书稿的撰写过程中，教学和行政工作令我捉襟见肘，无暇顾及其他。对于年迈的父母与年幼的女儿，都无法尽到一个儿子和一个父亲的责任，深感惭愧！妻子徐丽女士既要忙于报社的工作，还要独自照顾一家老小，让我心无旁骛地专注书稿，实属不易！当然，家人的支持与理解是对我最大的帮助与鼓励，在此深表感谢！本书的责任编辑韦冰女士，也为我完成此书的撰写工作给予了无私的帮助，在此一并感谢！需要感谢的人很多，本科生和研究生得知我在赶书稿，他们有关毕业设计或毕业论文上的问题都尽量错开这段时间，只是为了不打扰我，让我能专心致志地撰写书稿，实属难得！谢谢！另外，部分书稿插图由吕倩同学拼接完成，在此对她表示感谢。

最后，谨向书中所引用的文献作者致敬！

田威
2022 年 4 月于大理和苑

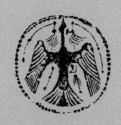

图书在版编目（CIP）数据

古代装饰艺术.瓦当&汉画 / 田少鹏,田威著.—武汉：湖北美术出版社,2024.3

（中国最美.第五辑）

ISBN 978-7-5712-2093-8

Ⅰ.①古… Ⅱ.①田… ②田… Ⅲ.①装饰美术－中国－古代 Ⅳ.①J525

中国国家版本馆CIP数据核字(2023)第223390号

古代装饰艺术 瓦当 & 汉画
GUDAI ZHUANGSHI YISHU WADANG&HANHUA

丛书策划：余 杉

责任编辑：韦 冰

责任校对：杨晓丹

技术编辑：李国新

封面设计：孙华彦

版式制作：左岸工作室

出版发行：长江出版传媒 湖北美术出版社

地 址：武汉市洪山区雄楚大街268号B座

电 话：(027)87679525（发行） (027)87679543（编辑）

传 真：(027)87679523

邮政编码：430070

印 刷：湖北金港彩印有限公司

开 本：889mm×1194mm 1/16

印 张：16

版 次：2024年3月第1版

印 次：2024年3月第1次印刷

定 价：78.00元